JN235879

医学と教育との連携で生まれた

# グレーゾーンの子どもに対応した
# 作文ワーク・初級編

監修／横山浩之　東北大学医学部小児科
編集／大森　修　新潟市中野山小学校

明治図書

# もくじ

監修のことば……横山　浩之
まえがき……大森　修

**初級編 1**

〔ユニット1〕　ひらがな「っ」「ゃ」「ゅ」「ょ」……11
〔ユニット2〕　のばす　音……15
〔ユニット3〕　のばす　音（おおきい　こおりの　なかま）……19
〔ユニット4〕　かなづかい……21
〔ユニット5〕　かたちの　にている　カタカナ……23
〔ユニット6〕　かたちの　にている　ひらがな……25
〔ユニット7〕　なかまの　ことば……27
〔ユニット8〕　しゅごと　じゅつご「～は　何だ。」……31
〔ユニット9〕　しゅごと　じゅつご「～は　どんなだ。」……35
〔ユニット10〕　しゅごと　じゅつご「～は　どうする。」……39
〔ユニット11〕　ぶんを　つくろう「～が　…。」……43
〔ユニット12〕　ぶんを　つくろう「～は　――を　…。」……47
〔ユニット13〕　ぶんを　つくろう「～は　――へ　…。」……51
〔ユニット14〕　ぶんを　つくろう「～が　――を　…。」
〔三つの　語の　ならべかえ〕……55
〔ユニット15〕　ぶんを　つくろう「～が　――へ　…。」
〔三つの　語の　ならべかえ〕……59
〔ユニット16〕　ぶんを　うつそう（「　」の　ある　ぶん）……63
〔ユニット17〕　じゅんじょ　よく　かく
「はじめに」「つぎに」「さいごに」……69
〔ユニット18〕　てがみを　かく「ともだちへ」……77

〔ユニット19〕てがみを　かく「せんせいへ」（敬体）……79
〔ユニット20〕よく　みて　かく（観察）……81
〔ユニット21〕たずねた　ことを　もとに　かく（伝聞）……85
〔ユニット22〕あいうえお　さくぶん……89

## 初級編2

〔ユニット1〕かん字パズル……91
〔ユニット2〕ことばを広げよう……94
〔ユニット3〕カタカナでかくことば……102
〔ユニット4〕くっつきの「は」「を」「へ」……105
〔ユニット5〕文をかく……108
〔ユニット6〕いろいろな形の文……113
〔ユニット7〕「　」をつかう……118
〔ユニット8〕はなしことばからかきだす……122
〔ユニット9〕だらだら文をなおす……126
〔ユニット10〕ていねいないいかた……129
〔ユニット11〕じゅんじょよくかく……132
〔ユニット12〕おはなしをかく……140
〔ユニット13〕絵をみてかく……148
〔ユニット14〕かんたんなせつめい……152
〔ユニット15〕かんさつしてかく……156
〔ユニット16〕りゆうをかく……159
〔ユニット17〕どう行けばいいかな……166

本文イラスト協力／岩野紀子

# 監修のことば

学習の基礎基本は、読み・書き・算（＝そろばん）である。

本書は、「書き」をはぐくむために作成された。従来の作文ワークとの最大の違いは、医学の視点から、「書き」の指導を見直したことだ。すなわち、医療と教育の連携が行われる場――特別支援教育にも対応している。

健常児の教育に役立つのは言うまでもない。「今後の特別支援教育の在り方について」で、文部科学省が示したように、普通学級に六％はいるとされたＡＤＨＤ、ＬＤなど、グレーゾーンの児童にも役立つように、本書は作られている。その根拠を、神経心理学の力を借りて、以下に述べる。

人間は、五感（視覚、聴覚、触覚、味覚、嗅覚）を通して、情報を出し入れする。言語に関係するのは、視覚と聴覚である。

聴覚を介する言語とは、話しことば（音声）である。一方、視覚を介する言語とは、書き言葉（文字）・絵（静止画像）・パントマイム（動画）である。（図1、上側参照）

「ことばの教室」などで、よく使用されているＩＴＰＡ言語学習能力検査では、言語を視覚・聴覚に分けるのみならず、情報の入出力についても考える。情報の入力―情報の統合（理解）―情報の出力である。（図1、右側参照）

よって、ＩＴＰＡ言語学習能力検査の作業仮説では、次のように考える。

| | 情報入力 | | 情報統合 | | 情報出力 |
|---|---|---|---|---|---|
| 聴覚性言語： | 【聴覚受容】 | → | 【聴覚連合】 | → | 【言語表現】 |
| 視覚性言語： | 【視覚受容】 | → | 【視覚連合】 | → | 【動作表現】 |

この作業仮説は、一九五〇年代に端を発する。現代の脳科学の進展は、【聴覚受容】、【聴覚連合】などの機能が、異なる脳部位で行われていることを明らかにしてきている（注釈参照）。ただし、【聴覚受容】・【視覚連合】については、ある程度の共通部位が存在しているらしい。

図1

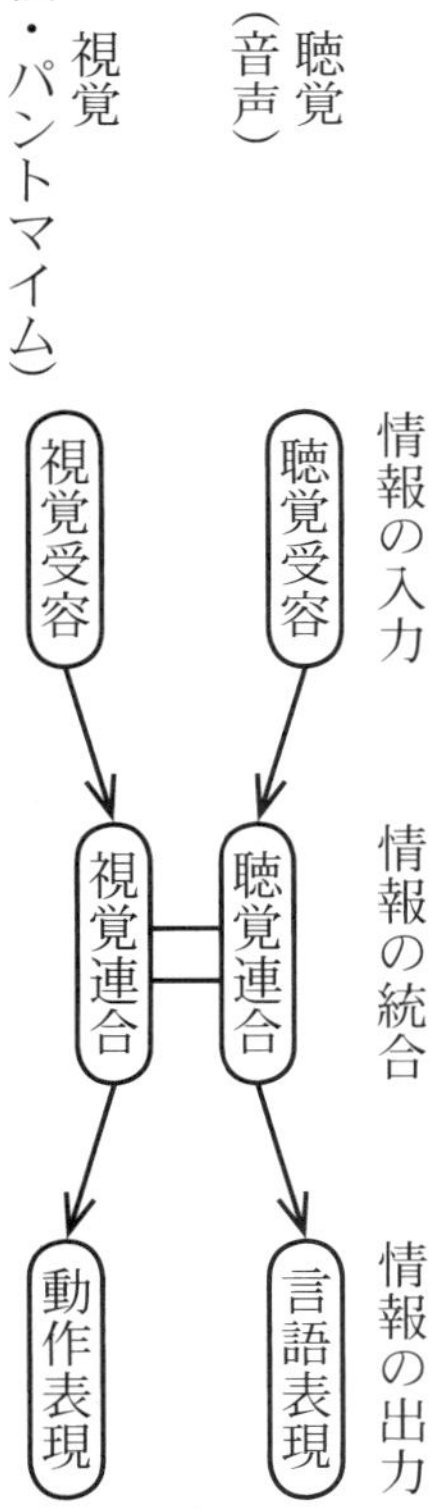


注：この図は、横山の理解であり、原版を改変してある。

異なる脳部位で行われている事実は、これらの機能が、確かに別の機能であることの証明である。別の機能であるということは、同一人物の、おのおのの機能の発達や能力に、差があっても不思議はないということだ。学習障害（LD）が、その好例である。

**図2**

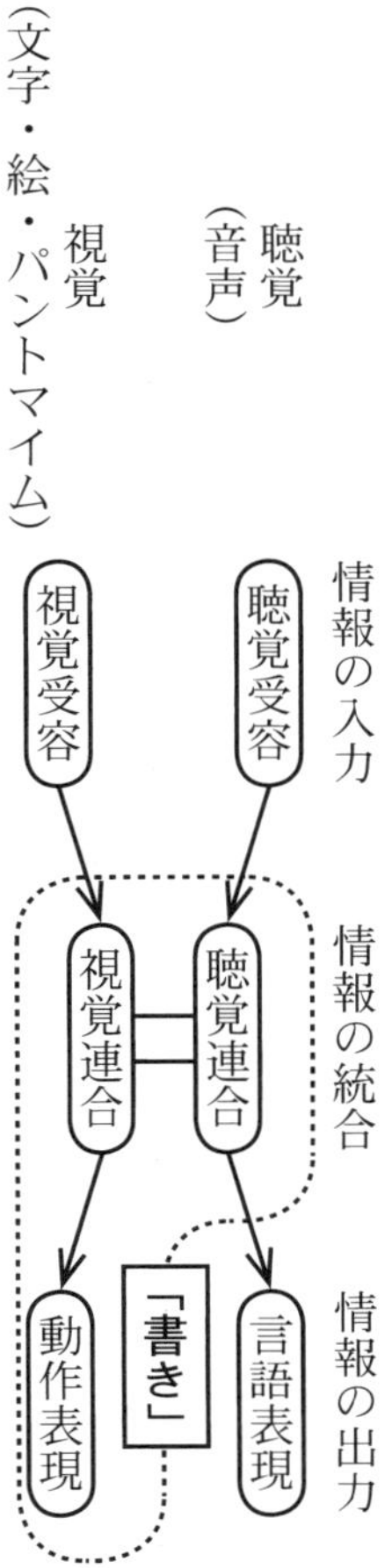


「書き」とは、考えたことを書き表す課題である。ＩＴＰＡ言語学習能力検査からみれば、【情報統合】→【動作表現】という課題（図2）である。この課題を補助するには、どうしたら良いか。

何らかの形で情報を入力して補助することしかない。

図2で、「書き」の回路に情報を入力できるのは、二か所ある。

【聴覚受容】（聴覚性入力）から、【動作表現】（書く）内容を、そっくりそのまま入力してあげる作業の一例は、聴写（聞いたことを書く作業）である。

【視覚受容】（視覚性入力）から、【動作表現】（書く）内容を、そっくりそのまま入力してあげる作業の一例は、視写（文章を書き写す作業）である。

視写を行うための教材は、既に商品化され、存在している。光村教育図書の学校用教材「うつしまるくん」である。ある出版社の編集長に、自分のところで出版したかったと言わしめたほどの、ベストセラーである。

視写という作業は、国語の教科書と原稿用紙あるいはマス目のあるノートがあれば、なし得る作業であり、私自身も、発達障害がある子どもたちに、「視写指導」をして、効果を上げている。

視写は、書く内容を、そっくりそのまま入力しているので、これだけでは、「書き」を習得したとは言えない。スモールステップで、補助のために入力する情報をなくしていかねば、「書き」を習得したことにはならない。さらに、双方向性のコミュニケーションになり得る「書き」（例えば、感想文）を目指すことになる。

多くの教師がしているように、視写の上の段階としては、「日記指導」がある。そして、その上の段階として、「作文指導」がある。

私の個人的な経験では、視写が一〇分間で二〇〇字できるようになると、「日記指導」が可能となる。また、日記を毎日二〇〇字書けるようになると、作文が作文らしくなる。言葉を変えて言うと、いわゆる作文指導ができる。既存の作文ワーク（例えば、『楽しく力がつく作文ワーク』野口芳宏編、明治図書）を利用した指導が生きる。

教師の誰もが感じているように、視写ができるようになっても、日記が日記らしくなるには、かなりの時間がかかる。すなわち、一行日記で終わってしまい、「日記指導」が本格化する前に、子どもが挫折感を味わい、日記書きを止めてしまうのである。

確かに、「視写指導」と「日記指導」との間には、補助として与える【視覚受容の落差が大きい。「視写指導」では、書く内容を全て与えるのに対して、「日記指導」では、書く内容を全く与えない。この差は、極めて大きい。

さて、既存の教材で、「視写指導」と「日記指導」の間を埋める教材が存在しているだろうか？　部分的には、存在しているかもしれない。しかし、このポイントに焦点を定め、狙い撃ちした教材を見たことがない。あれば、ぜひ教えていただきたい。

実をいうと、本書のような教材がないので、私は、ＡＤＨＤやＬＤ指導上、非常に困っていた。大森修氏は私の嘆きに即応して、教材作成を提案してくださった。


平成一四年六月二九日、東北大学小児科の飯沼一宇教授は、第四四回日本小児神経学会において、ＡＤＨＤの世界的な権威のバークレー博士を招いて、公開シンポジウムを開催された。この公開シンポジウムには、未曾有の一三〇〇人を超える参加者が殺到した。予定された会場には入りきれず、他会場を開放し、テレビ中継でシンポジウムに参加していただいた。

この公開シンポジウムに参加された大森修氏は、「グレーゾーンの子どもにわかる指導法は、他の子どもにとってもわかる指導法である」ことを確信なされた。この確信なしに、この教材は生まれ得なかった。深く感謝を申し上げる次第である。


大森修氏のご指導のもと、本書が編集され始めた。試作された教材は、大森修氏と私とが立ち会い、議論の上で、修正されていった。

面白いことに、国語を専門としている教師が作成したものが、「使えない」と評定されることが、非常に多かった。既存のワークブックをたくさん知っており、それに引きずられてしまうからであろう。逆に、国語を専門としないが、教え上手な、子どもに好かれる教師が、本書が目的とした良い教材を量産した。こんなエピソードにも、本書の革新性が表れている。


本書の編集には、一年余りを要した。本書を作成した先生方には、大変なご迷惑をおかけした。たくさんの修正をしていただいた。本当に、何度も何度も教材を作成してもらい、良いものだけを残した。本当に使える教材だけが、残せたと、自負している。

本書は、「視写指導」と「日記指導」の間を埋めるための教材の第一歩である。私自身も、ＡＤＨＤ、ＬＤといったグレーゾーンの子どもたちの指導に、この教材を使っていく。「視写指導」が順調に進み始めた頃に、この教材を使用し、「日記指導」に生かしたいと思う。ご使用いただき、ご叱正いただき、さらに、良い教材を作成していきたく思う。

東北大学医学部小児科　横山浩之

注釈：このような知識を得るための一般向け書籍として、『読み・書き・計算が子どもの脳を育てる』（川島隆太著、子どもの未来社）がある。

# まえがき

文部科学省は「これからの特別支援教育の在り方について」の答申を受けて、全国に特別支援教育モデル事業を始めている。

新潟県新津市の全小中学校もモデル事業に指定された地域の一つである。各学校には校内委員会が設置され、委員会の中の一人がコーディネーターに指名されている。

また、各学校ではチェックリストによる子どもの観察チェックが行われ、専門家チームに送付されている。

その上で、専門家チームが学校訪問をして、相談・指導に当たるようにもなっている。このように、行政も本格的に特別支援教育に乗り出している。

しかし、である。

特別支援教育では次のような課題のあることがより明らかになっている。

(1) 診断をどのように促したらよいか。

保護者の中には医師の診断を受けようとしない方々がかなりいる。教師も自らが手立てをもたないので、診断を促すことに二の足を踏んでいる。

(2) 指導法が分からない。

診断が出ても、肝心の指導法が分からない。何をどのように指導をしたらよいかが分からないのである。

(3) 個別指導ができない。

たとえ、個別の指導法が分かっても、数十名の学級の子どもとの兼ね合いでどのように指導をしたらよいかが分からない。

(4) 併存障害がおきるまで分からない。

(1)から(3)までの課題を自覚できるのは、実は、併存障害がおきて、教師自身が困り果てたときなのである。残念ではあるが、これが、現実である。

このような課題を抱えているときに、横山浩之氏と出会うことになる。

横山氏の話に衝撃を受けた。

グレーゾーンの子どもは、医療と教育との連携によって、可能性を開花することができるというのだ。医療だけでもだめである。教育だけでもできない。両者の連携で初めて可能なのだという。

何度めかに大阪の会議で会った。

グレーゾーンの子どもが文章を書けるようにしてやりたい。しかし、作文ワークがない。作ってくれませんか。

全国各地から治療に来院する子どもに、治療だけではなく「教育」をしている横山氏の言葉である。

調べられるだけ調べました。しかし、グレーゾーンの子どもが使えるワークは見つけられませんでした。

横山氏は医師であり研究者でもある。しかし、教室の教師ではない。指導の原理・原則は分かるが、実際のワークを作る時間はない。

先生方が使っているワークは、難しくて使えないのです。先生方が使っている作文視写教材と作文ワークとをつなぐ、つなぎの教材がいるのです。これがあれば、グレーゾーンの子どもも文章が書けるようになるのです。

文章が書けるということは、「思考」の発達を促すうえで必要不可欠である。だからこそ、文章を書ける子どもにしようとしてきたのである。

横山氏の言葉は胸に突き刺さった。

文章を書けない子どもを目の前にして、「つなぎの教材」を自覚したことがあったであろうか。「つなぎの教材」があれば、あの子も、この子も容易に文章を書けるようになったのではなかったか。

横山氏の言葉は、深く胸に刺さった。

このようにして、「グレーゾーンの子どもに対応した作文ワーク」づくりが始まったのである。

グレーゾーンの障害に対する理解と指導、とりわけ国語の指導を集中的に学びながら、作文ワークづくりが開始されたのである。

試案を持って、仙台市に横山氏を訪ねた。

七五％の試案が没になった。

使い物にならないのだ。

特に、国語の指導に自信のある教師が作ったワークほど、使い物にならないと言われたのである。

反面、教室の作文が苦手な子どもと取り組んできた教師が作ったワークが称賛されたのである。

両者の違いこそ、ポイントである。

そして、二回目。

四五％がワークとして合格した。

七五％の没が、四五％の合格になり、七五％が合格になった。この間で一年がかかった。

そして、ようやく、ワークが完成をした。

この作文ワークは、これである。

医療と教育との連携で生まれた日本で初めての、グレーゾーンの子どもに対応した作文ワーク

グレーゾーンの子どもにやさしいワークはこれでもある。

作文のにがてな子どもにも対応したワーク

これで、「完璧」ということではない。

これは、「始まり」である。

特別支援教育の現場で役立つ教材づくりの始まりである。

多くの教室で使われ、多くの子どもが文章を書けるようになることを願っている。

私どもの、願いを、希望を理解し、このような形で出版をしていただいた樋口雅子氏に感謝を申し上げる。

平成一五年一〇月二二日

新潟市中野山小学校　大森　修

**初級①**

# 1 ひらがな①

べんきょうした ひ　がつ　にち

なまえ　くみ　ばん

☆ ちいさく かく「っ」に きを つけて かきましょう。

てほん

きって

てほん

はっぱ

てほん

かっぱ

てほん

かけっこ

てほん

はらっぱ

てほん

がっこう

☆ ちいさく かく「ゃ」「ゅ」「ょ」に きを つけて かきましょう。

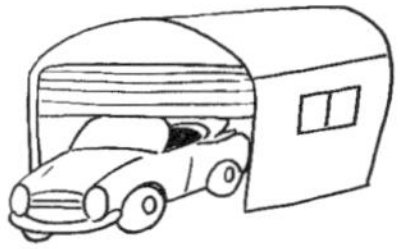

てほん

しゃこ

てほん

きゅう

てほん

ひょう

てほん

おもちゃ

てほん

あくしゅ

てほん

にんぎょ

**かきおわった ひとは やって みよう**

えに いろを ぬりましょう。

初級①

# 2 ひらがな②

べんきょうした ひ
がつ にち

なまえ
くみ ばん

☆ ちいさく かく「っ」に きを つけて かきましょう。

てほん

きって

てほん

はっぱ

てほん

かっぱ

てほん

かけっこ

てほん

はらっぱ

てほん

がっこう

☆ ちいさく かく「ゃ」「ゅ」「ょ」に きを つけて かきましょう。

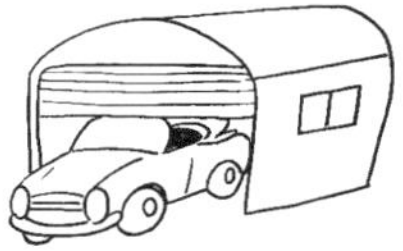

てほん

しゃこ

てほん

きゅう

てほん

ひょう

てほん

おもちゃ

てほん

あくしゅ

てほん

にんぎょ

かきおわった ひとは
やって みよう

えに いろを ぬりましょう。

初級①

# 3 ひらがな③

べんきょうした ひ　がつ　にち

なまえ　くみ　ばん

☆ ちいさく かく「っ」に きを つけて かきましょう。

てほん　ねっこ

てほん　らっぱ

てほん　なっぱ

てほん　けっこん

てほん　からっぽ

てほん　いっぱい

☆ ちいさく かく「ゃ」「ゅ」「ょ」に きを つけて かきましょう。

てほん　きゃく

てほん　りゅう

てほん　きょう

てほん　がくしゃ

てほん　はくしゅ

てほん　りょこう

かきおわった ひとは やって みよう

えに いろを ぬりましょう。

# 4 ひらがな④

べんきょうした ひ　がつ　にち

なまえ

くみ　ばん

☆ちいさく かく「っ」に きを つけて かきましょう。

てほん

ねっこ

てほん

らっぱ

てほん

なっぱ

てほん

けっこん

てほん

からっぽ

てほん

いっぱい

☆ちいさく かく「ゃ」「ゅ」「ょ」に きを つけて かきましょう。

てほん

きゃく

てほん

りゅう

てほん

きょう

てほん

がくしゃ

てほん

はくしゅ

てほん

りょこう

かきおわった ひとは

やって みよう

えに いろを ぬりましょう。

初級①

# 5 のばす音《おん》①

べんきょうした ひ　がつ　にち

なまえ　くみ　ばん

☆ えを みて かきましょう。

てほん　おかあさん

てほん　おにいさん

てほん　ゆうひ

てほん　おねえさん

てほん　おとうさん

てほん　おとうと

おばあさん

おじいさん

ふうせん

いもうと

こうえん

かきおわった ひとは やって みよう

えに いろを ぬりましょう。

初級①

# 6 のばす 音《おん》②

べんきょうした ひ　がつ　にち

なまえ　くみ　ばん

☆ えを みて かきましょう。

てほん

おかあさん

てほん

おにいさん

てほん

ゆうひ

てほん

おねえさん

てほん

おとうさん

てほん

おとうと

おばあさん

おじいさん

ふうせん

いもうと

こうえん

かきおわった ひとは やって みよう

えに いろを ぬりましょう。

初級①

# 7 のばす音《おん》③

べんきょうした ひ がつ にち

なまえ くみ ばん

☆ えを みて かきましょう。

てほん

きょうしつ

にんぎょう

てほん

ありがとう

さようなら

てほん

ろうか

せんせい

てほん

がっきゅうぶんこ

てほん

せんぷうき

りょうり

てほん

めいじん

そうじき

## かきおわった ひとは やって みよう

えに いろを ぬりましょう。

初級①

# 8 のばす 音《おん》④

べんきょうした ひ　がつ　にち

なまえ　くみ　ばん

☆ えを みて かきましょう。

てほん

きょうしつ

にんぎょう

てほん

ありがとう

さようなら

てほん

ろうか

せんせい

てほん

がっきゅうぶんこ

てほん

せんぷうき

りょうり

てほん

めいじん

そうじき

**かきおわった ひとは やって みよう**

えに いろを ぬりましょう。

初級①

# 9 のばす 音《おん》⑤

べんきょうした ひ　がつ　にち

なまえ

くみ　ばん

☆ えを みて かきましょう。

てほん

おおきい

こおり

てほん

おおかみ

こおろぎ

☆ なぞりましょう。

とおい みちを とおる。

ねこより ねずみの ほうが おおい。

☆ のばす 音《おん》に きを つけて かきましょう。

おおきな おおかみが

とおくを とおる。

**やって みよう**

かきおわった ひとは

えに いろを ぬりましょう。

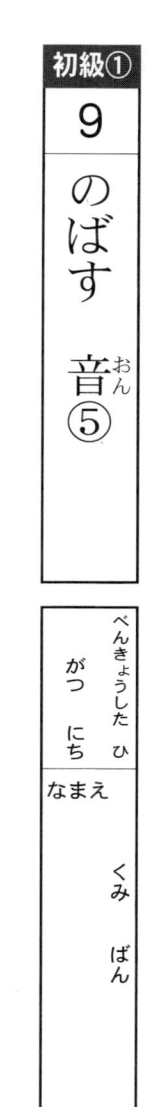

初級①

10

# のばす 音《おん》⑥

べんきょうした ひ　がつ　にち

なまえ　くみ　ばん

☆ えを みて かきましょう。

てほん

おおきい

てほん

おおかみ

こおり

こおろぎ

☆ うつしましょう。

とおい みちを とおる。

ねこより ねずみの ほうが おおい。

☆ のばす 音《おん》に きを つけて かきましょう。

おおきな おおかみが

とおくを とおる。

かきおわった ひとは やって みよう

えに いろを ぬりましょう。

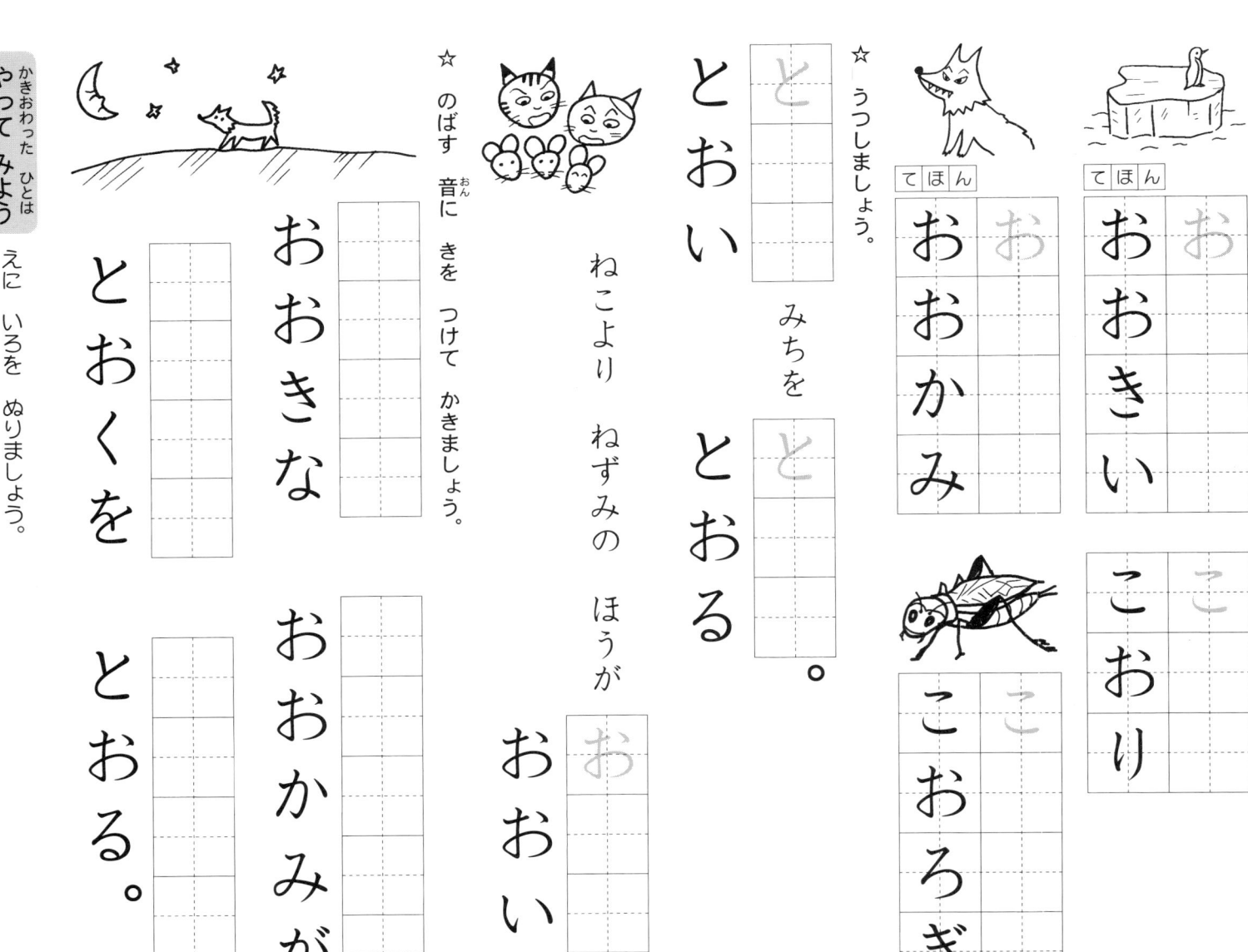

**初級①**

## 11 かなづかい①

べんきょうした ひ　がつ　にち

なまえ　くみ　ばん

☆ えを みて かきましょう。

てほん

おおせい の人《ひと》。

雨《あめ》の しずく

てほん

おおきな

こづつみ

☆ なぞりましょう。

けいと が、 ちぢむ。

くまより うさぎの ほうが おおい。

☆ のばす 音《おん》に きを つけて かきましょう。

ちいさな ゆうえんち。

たのしい がっこう。

**かきおわった ひとは やって みよう**

えに いろを ぬりましょう。

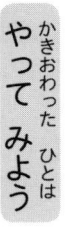

初級①

12

# かなづかい②

べんきょうした ひ　がつ　にち

なまえ　くみ　ばん

☆ えを みて かきましょう。

てほん

おおぜい の人《ひと》。

雨《あめ》の しずく

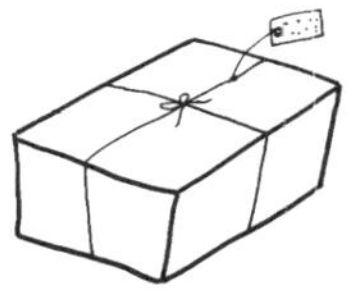

てほん

おおきな こづつみ

☆ うつしましょう。

けいとが、ちぢむ。

☆ のばす 音《おん》に きを つけて かきましょう。

くまより うさぎの ほうが おおい。

ちいさな ゆうえんち。

たのしい がっこう。

**やって みよう**

かきおわった ひとは えに いろを ぬりましょう。

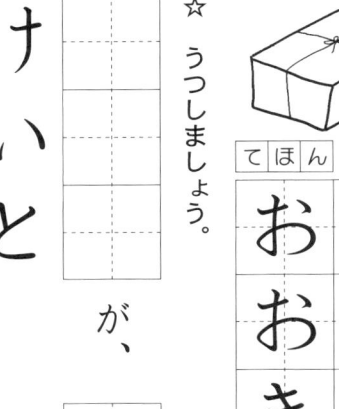

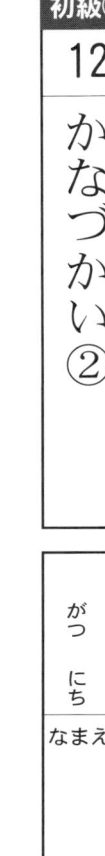

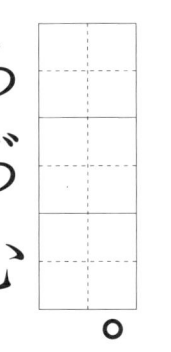

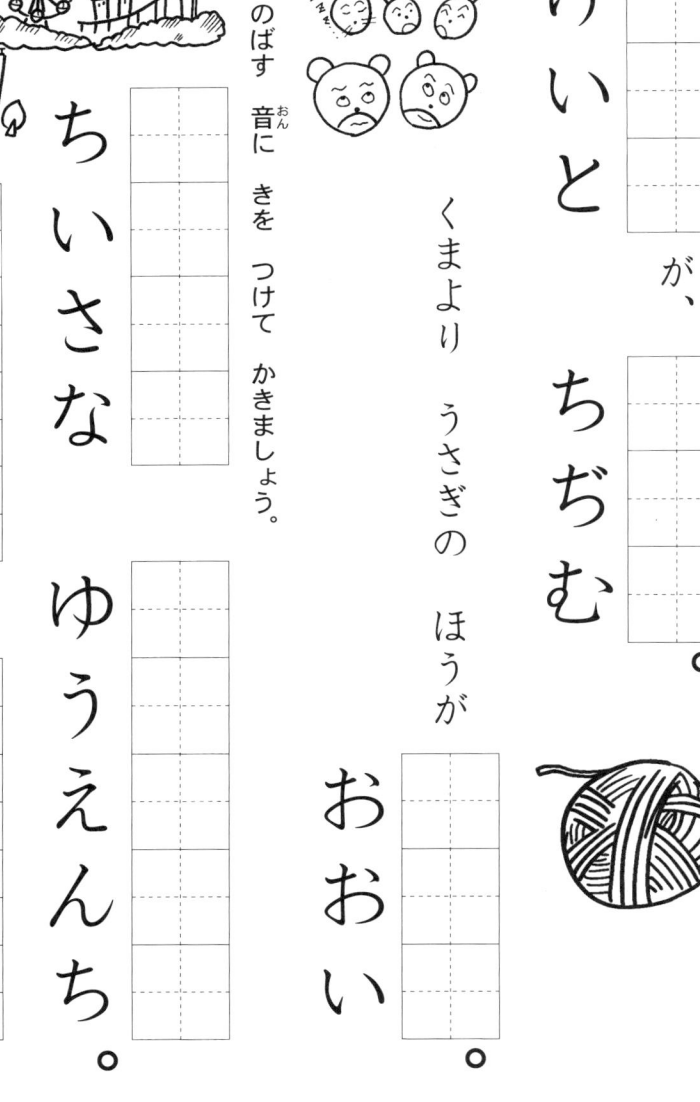

初級①

# 13 かたちの にている カタカナ①

べんきょうした ひ　がつ　にち

なまえ　くみ　ばん

☆ じの かたちに きを つけて かきましょう。

てほん

シャワー

ソース

セーター

てほん

チョーク

テント

コーヒー

てほん

ア　マ

ウ　ワ

てほん

シ　ツ

シ　ン

てほん

セ　ヒ

チ　ナ

てほん

ラーメン

ガラス

チーム

てほん

フルーツ

カヌー

バナナ

かきおわった ひとは やって みよう

えに いろを ぬりましょう。

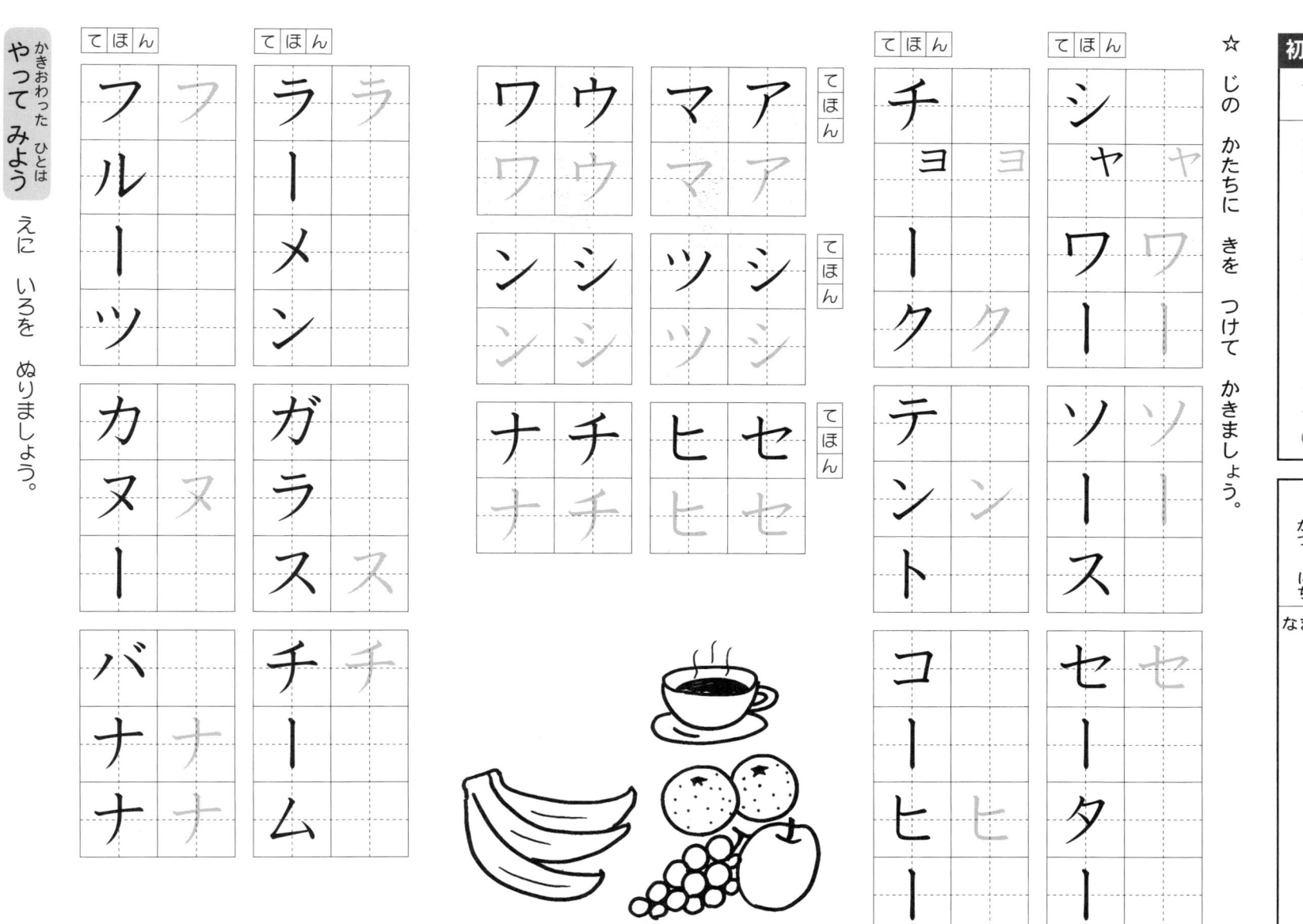

初級①

14

# かたちの にている カタカナ②

べんきょうした ひ　がつ　にち

なまえ　くみ　ばん

☆ じの かたちに きを つけて かきましょう。

てほん

シャワー

ソース

セーター

てほん

チョーク

テント

コーヒー

てほん

マフラー

シール

てほん

アルバム

ツリー

てほん

ラーメン

ガラス

チーム

てほん

フルーツ

カヌー

バナナ

かきおわった ひとは
やって みよう

えに いろを ぬりましょう。

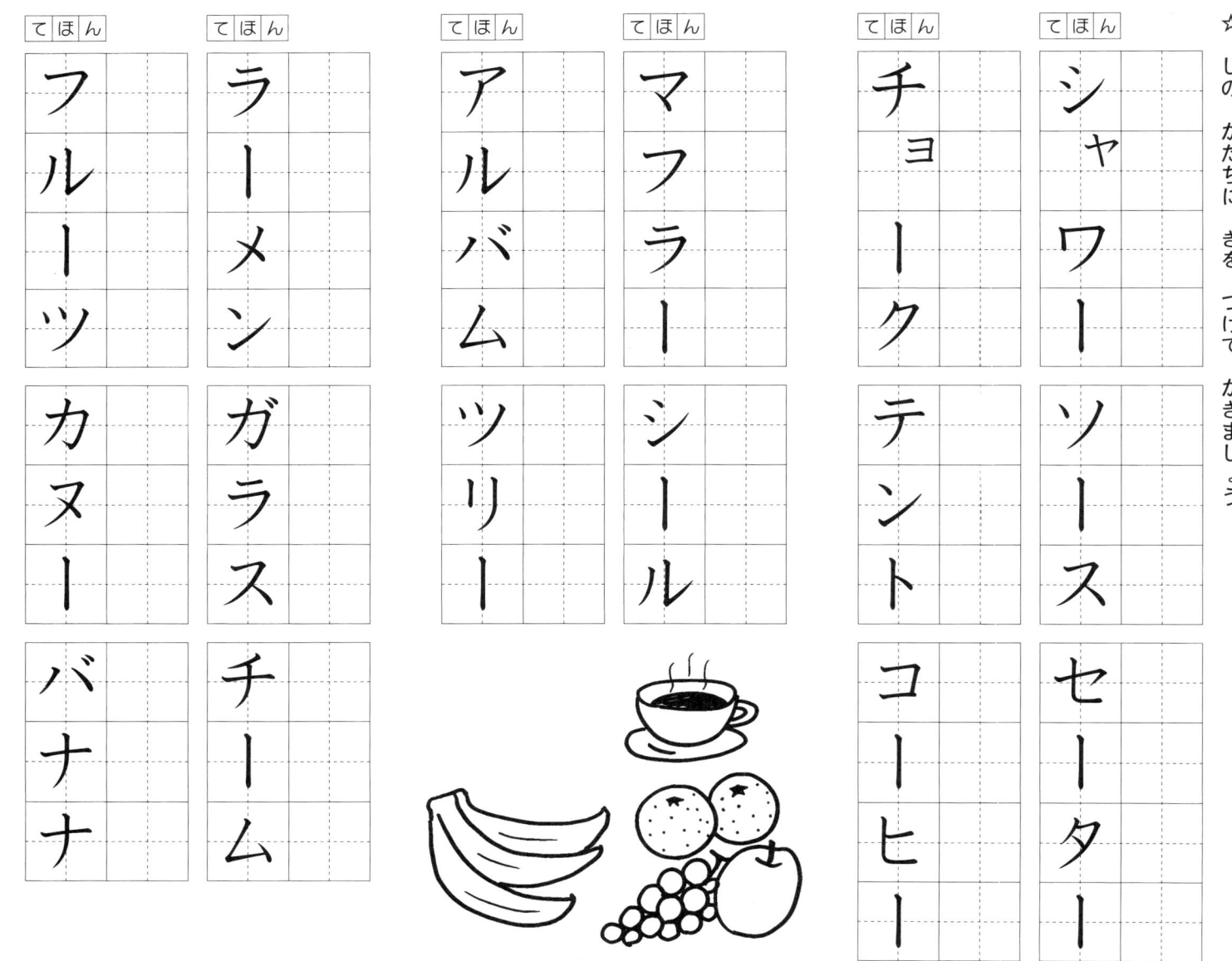

# 初級① 15 かたちの にている ひらがな①

べんきょうした ひ　がつ　にち

なまえ

くみ　ばん

☆ じの かたちに きを つけて かきましょう。

てほん さくら

てほん きつね

てほん さ き

てほん めがね

てほん あたま

てほん め あ

てほん ろうそく

てほん るすばん

てほん ろ る

てほん ひまわり

てほん のらねこ

てほん わ ね

てほん ほたる

てほん はさみ

てほん ほ は

てほん はら

てほん まち

てほん ら ち

## やって みよう

かきおわった ひとは えに いろを ぬりましょう。

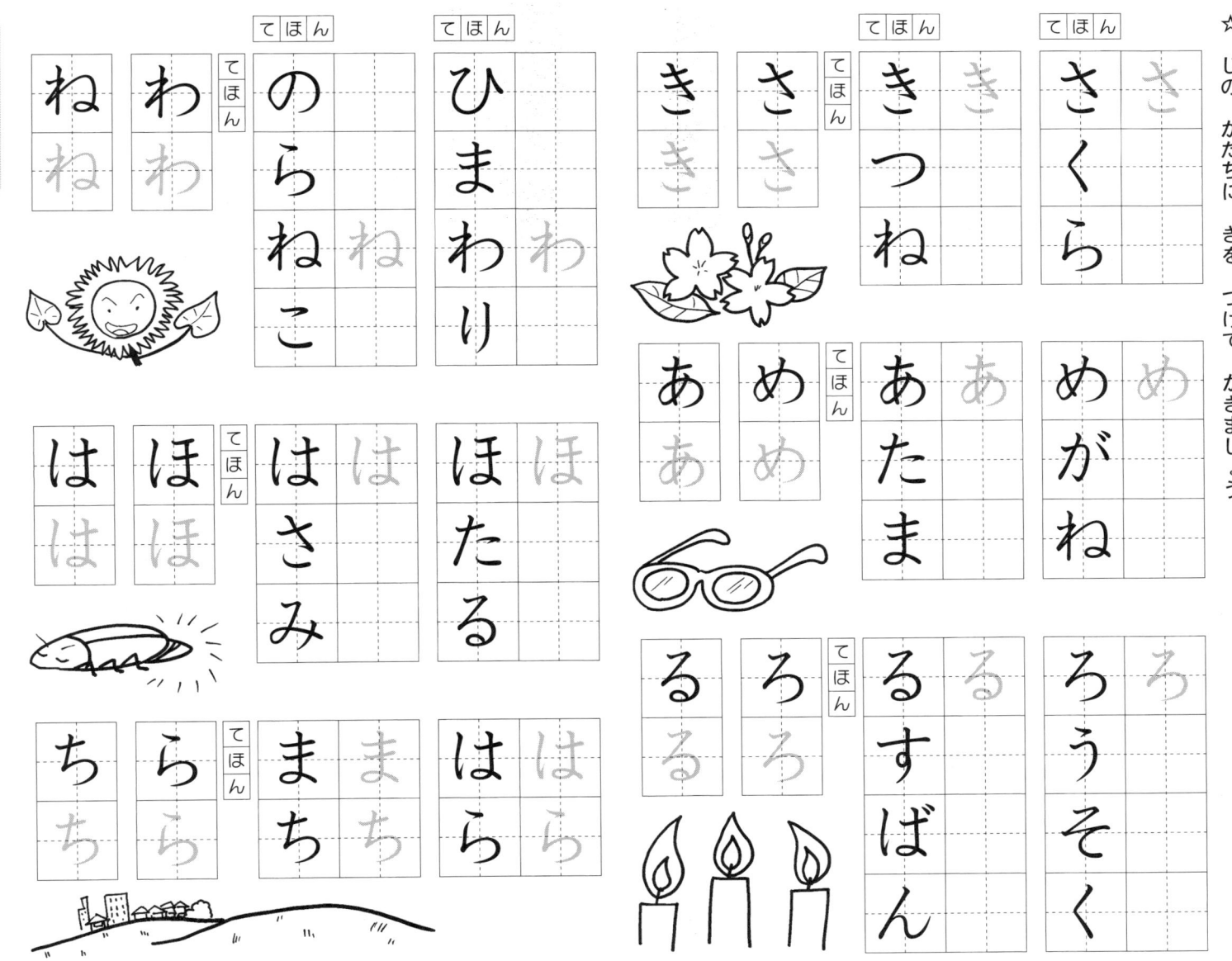

初級①

16

# かたちの にている ひらがな②

べんきょうした ひ　がつ　にち

なまえ　くみ　ばん

☆ じの かたちに きを つけて かきましょう。

てほん　さくら

てほん　きつね

てほん　き　さ

てほん　めがね

てほん　あたま

てほん　め　あ

てほん　ろうそく

てほん　るすばん

てほん　ろ　る

てほん　ひまわり

てほん　のらねこ

てほん　わ　ね

ほたる

はさみ

てほん　ほ　は

はら

まち

てほん　ら　ち

かきおわった ひとは

**やって みよう**

えに いろを ぬりましょう。

初級①

17

# なかまの ことば①

べんきょうした ひ　がつ　にち

なまえ

くみ　ばん

☆ じかんを あらわす なかまの ことばを かきましょう。

てほん

きのう

てほん

きょう

てほん

あす

きょねん

ことし

らいねん

てほん

日よう日

てほん

月よう日

てほん

火よう日

はる

ふゆ

なつ

あき

木よう日

土よう日

かきおわった ひとは
やって みよう

えに いろを ぬりましょう。

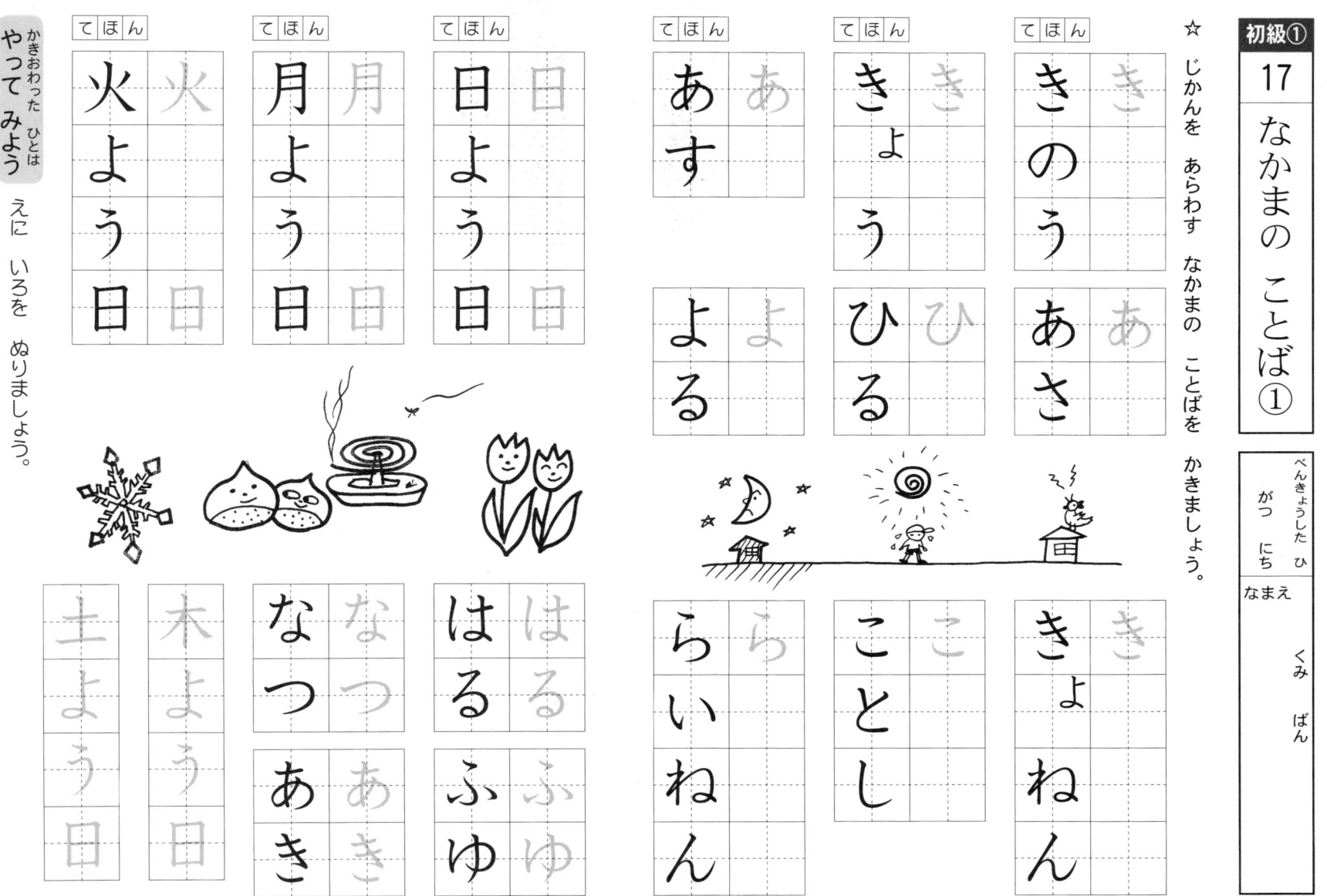

初級①

# 18 なかまの ことば②

べんきょうした ひ　がつ　にち

なまえ　くみ　ばん

☆ はんたいの いみの ことばを かきましょう。

てほん

ふとい ↔ ほそい

おもい ↔ かるい

たかい ↔ ひくい

☆ ようすを あらわす ことばを かきましょう。

てほん

うれしい

たのしい

ちいさい

おいしい

すずしい

かわいい

かきおわった ひとは

**やって みよう**

えに いろを ぬりましょう。

初級①

19

# なかまの ことば③

べんきょうした ひ　がつ　にち

なまえ　くみ　ばん

☆ かぞえる ことばを かきましょう。

てほん　二まい

てほん　三ぼん

てほん　四ひき

てほん　一ちょう

てほん　二はい

てほん　八ページ

五さら

六だい

七そう

三チーム

六けん

九わ

かきおわった ひとは やって みよう

えに いろを ぬりましょう。

初級①

# 20 なかまの ことば④

べんきょうした ひ　がつ　にち

なまえ　くみ　ばん

☆ はんたいの いみの ことばを かきましょう。

- みじかい ↔ な
- とおい ↔ ち
- ふかい ↔ あ
- さむい ↔ あ
- ひろい ↔ せ
- かなしい ↔ うれ
- おおきい ↔ ちい
- ながい ↔ み
- ちかい ↔ と
- あさい ↔ ふ
- あつい ↔ さ
- せまい ↔ ひ
- まずい ↔ おい
- きれい ↔ きた

☆「しい」の つく ことばを かきましょう。

- たのしい　人《ひと》
- くるしい　みち
- おかしい　かお
- すずしい　日《ひ》

**かきおわった ひとは やって みよう**

「○○い」や「○○しい」という ことばを さがして みましょう。

初級①

21

# しゅごと じゅつご①

べんきょうした ひ

がつ にち

なまえ

くみ ばん

☆ えを みて、ぶんを つくりましょう。

てほん

ぼくは、ひよこだ。

てほん

ぼくが、たぬきだ。

てほん

わたしは、ねこだ。

てほん

わたしが、りすだ。

てほん

これは、ねこだ。

てほん

これが、いぬだ。

かきおわった ひとは

**やって みよう**

えに いろを ぬりましょう。

初級①

22

# しゅごと じゅつご②

べんきょうした ひ　がつ　にち

なまえ　くみ　ばん

☆ えを みて、ぶんを つくりましょう。

てほん

ぼくは、ひよこだ。

てほん

ぼくが、たぬきだ。

てほん

わたしは、ねこだ。

てほん

わたしが、りすだ。

てほん

これは、ねこだ。

てほん

これが、いぬだ。

**やって みよう**

かきおわった ひとは えに いろを ぬりましょう。

初級①

# 23 しゅごと じゅつご③

べんきょうした ひ　がつ　にち

なまえ　くみ　ばん

☆ えを みて、ぶんを つくりましょう。

てほん

これは、つくえだ。

てほん

これが、めがねだ。

てほん

それは、ほんだ。

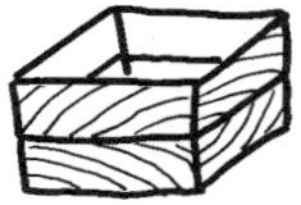

てほん

それが、はこだ。

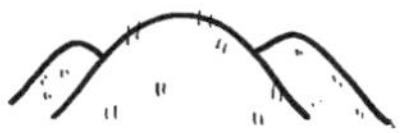

てほん

あれは、やまだ。

てほん

あれが、かわだ。

かきおわった ひとは やって みよう

えに いろを ぬりましょう。

初級①
24
# しゅごと じゅつご④

べんきょうした ひ　がつ　にち

なまえ　くみ　ばん

☆ えを みて、ぶんを つくりましょう。

てほん

これは、つくえだ。

てほん

これが、めがねだ。

てほん

それは、ほんだ。

てほん

それが、はこだ。

てほん

あれは、やまだ。

てほん

あれが、かわだ。

かきおわった ひとは
**やって みよう**
えに いろを ぬりましょう。

初級①

25

# しゅごと じゅつご⑤

べんきょうした ひ　　がつ　にち

なまえ　　くみ　ばん

☆ えを みて、ぶんを つくりましょう。

てほん

ねこは、かわいい。

てほん

ぞうが、おおきい。

てほん

そらは、あおい。

てほん

うみが、ひろい。

てほん

やまは、たかい。

てほん

はなが、きれいだ。

かきおわった ひとは やって みよう

えに いろを ぬりましょう。

初級①

26

# しゅごと じゅつご⑥

べんきょうした ひ　がつ　にち

なまえ　くみ　ばん

☆ えを みて、ぶんを つくりましょう。

てほん

ねこは、かわいい。

てほん

ぞうが、おおきい。

てほん

そらは、あおい。

てほん

うみが、ひろい。

てほん

やまは、たかい。

てほん

はなが、きれいだ。

かきおわった ひとは やって みよう

えに いろを ぬりましょう。

初級①

# 27 しゅごと じゅつご⑦

べんきょうした ひ　がつ　にち

なまえ　くみ　ばん

☆ えを みて、ぶんを つくりましょう。

てほん

あめは、あまい。

てほん

ねつが、たかい。

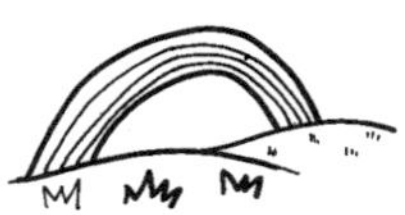

てほん

にじは、きれいだ。

てほん

はだが、しろい。

てほん

なつは、あつい。

てほん

かぜが、つよい。

かきおわった ひとは

**やって みよう**

えに いろを ぬりましょう。

初級①
28
# しゅごと じゅつご⑧

べんきょうした ひ がつ にち
なまえ くみ ばん

☆ えを みて、ぶんを つくりましょう。

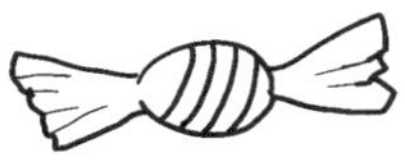

てほん
あめは、あまい。

てほん
ねつが、たかい。

てほん
にじは、きれいだ。

てほん
はだが、しろい。

てほん
なつは、あつい。

てほん
かぜが、つよい。

かきおわった ひとは やって みよう
えに いろを ぬりましょう。

初級①

29

# しゅごと じゅつご⑨

べんきょうした ひ　がつ　にち

なまえ　くみ　ばん

☆ えを みて、ぶんを つくりましょう。

てほん

とりは、とぶ。

とりは、とぶ。

てほん

こいが、およぐ。

こいが、およぐ。

てほん

いぬは、ほえる。

いぬは、ほえる。

てほん

ねこが、にげる。

ねこが、にげる。

てほん

ゆきは、とける。

てほん

はなが、さく。

かきおわった ひとは

やって みよう

えに いろを ぬりましょう。

初級①

30

# しゅごと じゅつご⑩

べんきょうした ひ　がつ　にち

なまえ

くみ　ばん

☆ えを みて、ぶんを つくりましょう。

てほん

とりは、とぶ。

てほん

こいが、およぐ。

てほん

いぬは、ほえる。

てほん

ねこが、にげる。

てほん

ゆきは、とける。

てほん

はなが、さく。

かきおわった ひとは やって みよう

えに いろを ぬりましょう。

初級①

31

# しゅごと じゅつご⑪

べんきょうした ひ　がつ　にち

なまえ　くみ　ばん

☆ えを みて、ぶんを つくりましょう。

てほん

ねこは、なく。

てほん

うまが、かける。

てほん

ぶたは、たべる。

てほん

かめが、もぐる。

てほん

くさは、はえる。

てほん

あめが、ふる。

かきおわった ひとは やって みよう

えに いろを ぬりましょう。

初級①

32

# しゅごと じゅつご⑫

べんきょうした ひ　　がつ　　にち

なまえ　　くみ　　ばん

☆ えを みて、ぶんを つくりましょう。

てほん

ねこは、なく。

てほん

うまが、かける。

てほん

ぶたは、たべる。

てほん

かめが、もぐる。

てほん

くさは、はえる。

てほん

あめが、ふる。

やって みよう（かきおわった ひとは）

えに いろを ぬりましょう。

初級①

33

# ぶんを つくろう①

べんきょうした ひ　がつ　にち

なまえ　くみ　ばん

☆ えを みて、ぶんを つくりましょう。

てほん

きつねが、はしる。

てほん

きつねが、はねる。

てほん

きつねが、おちる。

てほん

きつねが、わらう。

てほん

た　が、はしる。

てほん

、　。

## かきおわった ひとは やって みよう

えに いろを ぬりましょう。

ぶんの おわりは まる（。）を つけます。

初級①

34

# ぶんを つくろう②

べんきょうした ひ
がつ にち

なまえ
くみ ばん

☆ えを みて、ぶんを つくりましょう。

てほん

きつねが、はしる。

てほん

きつねが、はねる。

てほん

きつねが、おちる。

☆ □の中《なか》に あう ことばを いれて ぶんを つくりましょう。

きつねが、□。

たぬきが、□。

うさぎが、□。

□が、□。

☆下の □に つかって いいよ☆
はしる はねる
おちる わらう

かきおわった ひとは
**やって みよう**

「□は、□。」の ぶんを ノートに かきましょう。

初級①

35

# ぶんを つくろう③

べんきょうした ひ　がつ　にち

なまえ　くみ　ばん

☆ えを みて、ぶんを つくりましょう。

てほん

かえるが、およぐ。

かえるが、およぐ。

てほん

かえるが、すすむ。

かえるが、すすむ。

てほん

かえるが、やすむ。

かえるが、　　　。

てほん

ねずみが、おどる。

ね　　が、お　　。

てほん

く　　が、た　　。

てほん

　　　、　　　。

かきおわった ひとは やって みよう

えに いろを ぬりましょう。

ぶんの おわりは まる（。）を つけます。

初級①
36
# ぶんを つくろう④

べんきょうした ひ　がつ　にち
なまえ　くみ　ばん

☆ えを みて、ぶんを つくりましょう。

てほん
かえるが、およぐ。

てほん
かえるが、すすむ。

てほん
かえるが、やすむ。

☆ □の中《なか》に あう ことばを いれて ぶんを つくりましょう。

かえるが、□。
ねずみが、□。
くじらが、□。
□が、□。

☆下の つかって いいよ☆ □に
およぐ すすむ
おどる たべる

かきおわった ひとは
**やって みよう**
「□は、□。」の ぶんを ノートに かきましょう。

**初級①**

**37**

# ぶんを つくろう⑤

べんきょうした ひ　　がつ　　にち

なまえ　　　　くみ　　ばん

☆ えを みて、ぶんを つくりましょう。

てほん

さるは、きをみる。

さるは、きをみる。

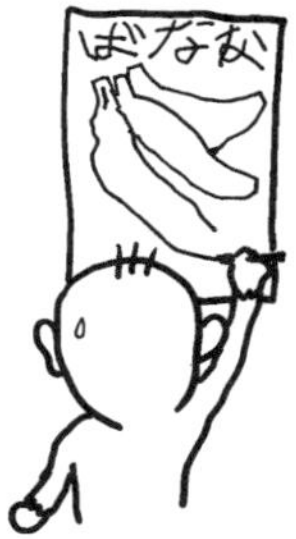


てほん

さるは、えをかく。

さるは、えをかく。

てほん

ねこは、かみをきる。

ねこは、かみをきる。

かきおわった ひとは

**やって みよう**

えに いろを ぬりましょう。

くは、えを　お　。

初級①

38

# ぶんを つくろう⑥

べんきょうした ひ　がつ　にち

なまえ　くみ　ばん

☆ えを みて、ぶんを つくりましょう。

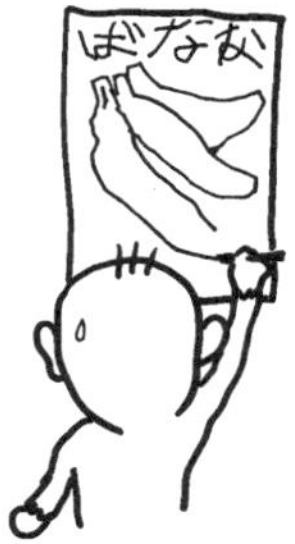


てほん

さるは、きをみる。

てほん

さるは、えをかく。

☆ □の中《なか》に あう ことばを いれて ぶんを つくりましょう。

さるは、□をみる。

さるは、□をかく。

くまは、□をきる。

□は、□をおる。

☆下の ことばを つかって □に いいよ☆

き　え

かみ　えだ

**やって みよう**　かきおわった ひとは

「□は、□を□。」の ぶんを ノートに かきましょう。

初級①
39
# ぶんを つくろう⑦

べんきょうした ひ　がつ　にち
なまえ　くみ　ばん

☆ えを みて、ぶんを つくりましょう。

てほん
はちは、すをかける。

てほん
ねこは、てをなめる。

てほん
いぬは、あなをほる。

かきおわった ひとは
**やって みよう**

えに いろを ぬりましょう。

か　は、　み　を　の　。

初級①

40

# ぶんを つくろう⑧

べんきょうした ひ　がつ　にち

なまえ　くみ　ばん

☆ えを みて、ぶんを つくりましょう。

てほん

はちは、すをかける。

てほん

ねこは、てをなめる。

☆ □の中《なか》に あう ことばを いれて ぶんを つくりましょう。

はちは、□をかける。

ねこは、□をなめる。

いぬは、□をほる。

□は、□をのむ。

☆下の□に つかって いいよ☆

す　て　あな　みず

**かきおわった ひとは やって みよう**

「□は、□を□。」の ぶんを ノートに かきましょう。

初級①

# 41 ぶんを つくろう⑨

べんきょうした ひ　がつ　にち

なまえ　くみ　ばん

☆ えを みて、ぶんを つくりましょう。

てほん

ぼくは、いえへかえる。

ぼくは、いえへかえる。

てほん

とりは、もりへいく。

とりは、もりへいく。

てほん

ありは、あなへもどる。

ありは、あなへもどる。

かきおわった ひとは やって みよう

う　は、　まきばへ　い　。

えに いろを ぬりましょう。

ぶんの おわりは まる（。）を つけます。

初級①

42

# ぶんを つくろう⑩

べんきょうした ひ　　がつ　　にち

なまえ　　くみ　　ばん

☆ えを みて、ぶんを つくりましょう。

てほん

ぼくは、いえへかえる。

てほん

とりは、もりへいく。

☆ □の 中《なか》に あう ことばを いれて ぶんを つくりましょう。

ありは、□へいく。

いぬは、□へいく。

ねこは、□へいく。

□は、□へいく。

☆下の つかって □に いいよ☆
やま　あな
にわ　かわ

かきおわった ひとは やって みよう

「□は、□へ□。」の ぶんを ノートに かきましょう。

初級①

43

# ぶんを つくろう⑪

べんきょうした ひ　がつ　にち

なまえ　くみ　ばん

☆ えを みて、ぶんを つくりましょう。

てほん

さるは、うちへかえる。

さるは、うちへかえる。

てほん

さるは、うみへいく。

さるは、うみへいく。

てほん

くまは、あなへかえる。

くまは、あなへかえる。

ね　は、や　へい　。

**やって みよう**

かきおわった ひとは えに いろを ぬりましょう。

ぶんの おわりは まる（。）を つけます。

初級①

# 44 ぶんを つくろう⑫

べんきょうした ひ　がつ　にち

なまえ　くみ　ばん

☆ えを みて、ぶんを つくりましょう。

てほん

さるは、うちへかえる。

てほん

さるは、うみへいく。

☆ [ ]の中《なか》に あう ことばを いれて ぶんを つくりましょう。

[ ]は、うちへいく。

[ ]は、うみへいく。

[ ]は、もりへいく。

[ ]は、[ ]へいく。

☆上の [ ] に つかって いいよ☆
ぼく　くま
りす　きつね

かきおわった ひとは やって みよう

「[ ]は、[ ]へ[ ]。」の ぶんを ノートに かきましょう。

初級①

## 45 ぶんを つくろう⑬

べんきょうした ひ　がつ　にち

なまえ　くみ　ばん

☆ 三つの ことばから ぶんを つくりましょう。

ねこ
つかまえる
ねずみ

ねこが、
ねずみを
つかまえる。

すう
みつ
ちょう

ちょうが、
みを
す。

かべ
ねずみ
かじる

ね、
を
。

**やって みよう** かきおわった ひとは

えに いろを ぬりましょう。

初級①

46

# ぶんを　つくろう⑭

べんきょうした ひ
がつ　にち

なまえ
くみ　ばん

☆　三つの　ことばから　ぶんを　つくりましょう。

ねこ
つかまえる
ねずみ

ねこが、ねずみを
つかまえる。

すう
みつ
ちょう

かべ
ねずみ
かじる

かきおわった　ひとは
やって　みよう

えに　いろを　ぬりましょう。

初級①

47

# ぶんを つくろう⑮

べんきょうした ひ　がつ　にち

なまえ　くみ　ばん

☆ 三つの ことばから ぶんを つくりましょう。

くま
おいかける
うさぎ

くまが、
くまが、
うさぎを
うさぎを
おいかける。
おいかける。

とる
かき
たぬき

たぬきが、
かきを
とる。

くさ
きりん
たべる

き　、
を
。

かきおわった ひとは
やって みよう

えに いろを ぬりましょう。

初級①

48

# ぶんを つくろう⑯

べんきょうした ひ
がつ にち

なまえ
くみ ばん

☆ 三つの ことばから ぶんを つくりましょう。

くま
おいかける
うさぎ

くまが、
うさぎを
おいかける。

とる
かき
たぬき

くさ
きりん
たべる

かきおわった ひとは
やって みよう
えに いろを ぬりましょう。

初級①
49
# ぶんを　つくろう⑰

べんきょうした　ひ　がつ　にち
なまえ　くみ　ばん

☆　三つの　ことばから　ぶんを　つくりましょう。

ねこ
いく
こうえん

ねこが、
こうえんへ
いく。
ねこが、
こうえんへ
いく。

もどる
やま
くま

くまが、
やまへ
も　。

す
からす
もどる

か　、
へ
。

かきおわった　ひとは
やって　みよう
えに　いろを　ぬりましょう。

初級①

50

# ぶんを つくろう⑱

べんきょうした ひ　がつ　にち

なまえ　くみ　ばん

☆ 三つの ことばから ぶんを つくりましょう。

ねこ
いく
こうえん

ねこが、
こうえんへ
いく。

もどる
やま
くま

くまが、

す
からす
もどる

かきおわった ひとは やって みよう

えに いろを ぬりましょう。

初級①

51

# ぶんを つくろう⑲

べんきょうした ひ　　がつ　　にち

なまえ　　くみ　　ばん

☆ 三つの ことばから ぶんを つくりましょう。

さる
いく
がっこう

さるが、
がっこうへ
いく。

さるが、
がっこうへ
いく。

むかう
うみ
かに

かにが、
うへ
む。

そら
すずめ
とびたつ

す、
へ
。

かきおわった ひとは やって みよう

えに いろを ぬりましょう。

初級①

52

# ぶんを つくろう⑳

べんきょうした ひ　がつ　にち

なまえ　くみ　ばん

☆ 三つの ことばから ぶんを つくりましょう。

さる
いく
がっこう

さるが、がっこうへ いく。

むかう
うみ
かに

そら
すずめ
とびたつ

かきおわった ひとは
**やって みよう**

えに いろを ぬりましょう。

**初級①**

**53**

## ぶんを うつそう①

☆「 」(かぎ)に きを つけて うつしましょう。

べんきょうした ひ　がつ　にち

なまえ　くみ　ばん

おじいさんが、かぶのたねをまきました。

「あまいあまいかぶになれ。大きな大きなかぶになれ。」

おじいさんが、かぶのたねをまきました。

「あまいあまいかぶになれ。大きな大きなかぶになれ。」

かきおわった ひとは

**やって みよう**

えに いろを ぬりましょう。

初級①

54

# ぶんを うつそう②

べんきょうした ひ
がつ にち

なまえ
くみ ばん

☆「 」（かぎ）に きを つけて うつしましょう。

おじいさんが、かぶのたねをまきました。
「あまいあまいかぶになれ。大きな大きなかぶになれ」。

かきおわった ひとは
**やって みよう**

えに いろを ぬりましょう。

初級①

# 55 ぶんを うつそう③

べんきょうした ひ　がつ　にち

なまえ

くみ　ばん

☆「　」（かぎ）に きを つけて うつしましょう。

かえるくんがやって
きていいました。
「どうしたんだい、が
まがえるくん。きみ
かなしそうだね。」

かえるくんがやって
きていいました。
「どうしたんだい、が
まがえるくん。きみ
かなしそうだね。」

かきおわった ひとは
**やって みよう**

えに いろを ぬりましょう。

初級①

56

# ぶんを　うつそう④

☆「　」（かぎ）に　きを　つけて　うつしましょう。

べんきょうした　ひ　がつ　にち

なまえ　くみ　ばん

かえるくんがやって
きていいました。
「どうしたんだい、が
まがえるくん。きみ
かなしそうだね」。

かきおわった　ひとは　やって　みよう

えに　いろを　ぬりましょう。

初級①

# 57 ぶんを うつそう⑤

べんきょうした ひ　がつ　にち

なまえ　くみ　ばん

☆ 、や 。に きを つけて うつしましょう。

一ねん二くみの子どもたちがたいそうをしていると、空に、大きなくじらがあらわれました。

かきおわった ひとは やって みよう

よむ れんしゅうを して いましょう。

一ねん二くみの子どもたちがたいそうをしていると、空に、大きなくじらがあらわれました。

初級①

# 58 ぶんを うつそう⑥

べんきょうした ひ　がつ　にち

なまえ　くみ　ばん

☆ 、や 。に きを つけて うつしましょう。

一ねん二くみの子どもたちがたいそうをしていると、空に、大きなくじらがあらわれました。

**かきおわった ひとは やって みよう**

よむ れんしゅうを して いましょう。

初級①

59

# じゅんじょ よく かく①

べんきょうした ひ　がつ　にち

なまえ

くみ　ばん

☆「はじめに」「つぎに」「さいごに」という ことばを つかって、かきましょう。

はじめに、にんじんをかいました。つぎに、たまねぎをかいました。さいごに、じゃがいもをかいました。

はじめに、にんじんをかいました。つぎに、たまねぎをかいました。さいごに、じゃがいもをかいました。

かきおわった ひとは

**やって みよう**

えに いろを ぬりましょう。

初級①

60

# じゅんじょ よく かく②

べんきょうした ひ　がつ　にち

なまえ　くみ　ばん

☆「はじめに」「つぎに」「さいごに」という ことばを つかって、かきましょう。

はじめに、　。

つぎに、　。

さいごに、　。

はじめに、にんじんをかいました。

つぎに、たまねぎをかいました。

さいごに、じゃがいもをかいました。

かきおわった ひとは
**やって みよう**

えに いろを ぬりましょう。

初級①
61
# じゅんじょ よく かく③

べんきょうした ひ
がつ にち
なまえ
くみ ばん

☆「はじめに」「つぎに」「さいごに」という ことばを つかって、かきましょう。

はじめに、くだもの
やにいきました。
つぎに、やおやにい
きました。
さいごに、にくやに
いきました。

はじめに、くだもの
やにいきました。
つぎに、やおやにい
きました。
さいごに、にくやに
いきました。

かきおわった ひとは
やって みよう

えに いろを ぬりましょう。

初級①

62

# じゅんじょ よく かく④

べんきょうした ひ　がつ　にち

なまえ　くみ　ばん

☆「はじめに」「つぎに」「さいごに」という ことばを つかって、かきましょう。

はじめに、
つぎに、　。
さいごに、　。

はじめに、くだもの
やにいきました。
つぎに、やおやにい
きました。
さいごに、にくやに
いきました。

かきおわった ひとは やって みよう

えに いろを ぬりましょう。

初級①

63

# じゅんじょ よく かく⑤

べんきょうした ひ　がつ　にち

なまえ　くみ　ばん

☆「はじめに」「つぎに」「さいごに」という ことばを つかって、かきましょう。

はじめに、たねをまきました。
つぎに、つちをかけました。
さいごに、みずをやりました。

はじめに、たねをまきました。
つぎに、つちをかけました。
さいごに、みずをやりました。

かきおわった ひとは　やって みよう

えに いろを ぬりましょう。

初級①

64

# じゅんじょ よく かく⑥

べんきょうした ひ　がつ　にち

なまえ　くみ　ばん

☆「はじめに」「つぎに」「さいごに」という ことばを つかって、かきましょう。

はじめに、たねをまきました。つぎに、つちをかけました。さいごに、みずをやりました。

かきおわった ひとは やってみよう

えに いろを ぬりましょう。

初級①

65

# じゅんじょ よく かく⑦

☆「はじめに」「つぎに」「さいごに」という ことばを つかって、かきましょう。

べんきょうした ひ　がつ　にち

なまえ　くみ　ばん

はじめに、たまねぎ
をいためました。
つぎに、にんじんを
いためました。
さいごに、じゃがい
もをいためました。

はじめに、たまねぎ
をいためました。
つぎに、にんじんを
いためました。
さいごに、じゃがい
もをいためました。

かきおわった ひとは やって みよう

えに いろを ぬりましょう。

初級①

66

# じゅんじょ よく かく⑧

べんきょうした ひ　がつ　にち

なまえ　くみ　ばん

☆「はじめに」「つぎに」「さいごに」という ことばを つかって、かきましょう。

はじめに、たまねぎをいためました。つぎに、にんじんをいためました。さいごに、じゃがいもをいためました。

かきおわった ひとは やって みよう

えに いろを ぬりましょう。

初級①

67

# てがみを かく①

べんきょうした ひ　がつ　にち

なまえ　くみ　ばん

☆ つぎの ぶんしょうを なぞりましょう。

ゆきこさんへ
ぼくのいえのハムスターがあかちゃんをうんだよ。
かわいいよ。みにきてね。
きむら けんた

ゆきこさんへ
ぼくのいえのハムスターがあかちゃんをうんだよ。
かわいいよ。みにきてね。
きむら けんた

だれに てがみを かくか、きめてから かいたんだね。

かきおわった ひとは

やって みよう

えに いろを ぬりましょう。

初級①

# 68 てがみを かく②

べんきょうした ひ　がつ　にち

なまえ　くみ　ばん

☆ つぎの ぶんしょうを なぞりましょう。

ゆきこさんへ
ぼくのいえのハムスター
があかちゃんをうんだよ。
かわいいよ。みにきてね。
きむらけんた

だれに てがみを かくか、きめてから かいたんだね。

かきおわった ひとは
**やって みよう**
えに いろを ぬりましょう。

# 初級①

## 69 てがみを かく③

べんきょうした ひ　がつ　にち

なまえ　くみ　ばん

☆ せんせいに てがみを かきました。なぞりましょう。

さとうせんせいへ
ぼくは、としょしつで、
むしのほんをみつけました。
こんど、よんでください。
ふじさわ たかひろ

さとうせんせいへ
ぼくは、としょしつで、
むしのほんをみつけました。
こんど、よんでください。
ふじさわ たかひろ

せんせいに かくときは、
ていねいな いいかたで
かくんだね。

かきおわった ひとは **やって みよう**

えに いろを ぬりましょう。

初級①

70

# てがみを かく④

べんきょうした ひ　がつ　にち

なまえ　くみ　ばん

☆ せんせいに てがみを かきました。なぞりましょう。

さとうせんせいへ

ぼくは、としょしつで、むしのほんをみつけました。

こんど、よんでください。

ふじさわ たかひろ

せんせいに かくときは、ていねいな いいかたで かくんだね。

かきおわった ひとは

やって みよう

えに いろを ぬりましょう。

初級①
71
# よく みて かく①

べんきょうした ひ　がつ　にち

なまえ

くみ　ばん

☆ つぎの ぶんしょうを なぞりましょう。

かめきちは、水そうの中で、ゆっくりうごいたり、日なたぼっこをしたりします。さわると、大いそぎでくびをちぢめます。

かめきちは、水そうの中で、ゆっくりうごいたり、日なたぼっこをしたりします。さわると、大いそぎでくびをちぢめます。

かきおわった ひとは やって みよう

えに いろを ぬりましょう。

かめきちの ようすを よく みて かいて います。

初級①

72

# よく みて かく②

べんきょうした ひ　がつ　にち

なまえ　くみ　ばん

☆ つぎの ぶんしょうを なぞりましょう。

かめきちは、水そうの中で、ゆっくりうごいたり、日なたぼっこをしたりします。さわると、大いそぎでくびをちぢめます。

かめきちの ようすを よく みて かいて います。

かきおわった ひとは やって みよう

えに いろを ぬりましょう。

初級①
73
# よく みて かく③

べんきょうした ひ　がつ　にち
なまえ　くみ　ばん

☆ つぎの ぶんしょうを なぞりましょう。

かめきちは、水につけてやわらかくしたにぼしがすきです。にぼしをみせると、くびをのばして、ぱくっとたべます。

かめきちは、水につけてやわらかくしたにぼしがすきです。にぼしをみせると、くびをのばして、ぱくっとたべます。

かきおわった ひとは
**やって みよう**

えに いろを ぬりましょう。

かめきちの ようすを よく みて かいて います。

初級①

74

# よく みて かく④

べんきょうした ひ　がつ　にち

なまえ　くみ　ばん

☆ つぎの ぶんしょうを なぞりましょう。

かめきちは、水につけてやわらかくしたにぼしがすきです。にぼしをみせると、くびをのばして、ぱくっとたべます。

かきおわった ひとは

**やって みよう**

えに いろを ぬりましょう。

かめきちの ようすを よく みて かいて います。

**初級①**

**75**

たずねた ことを もとに かく①

べんきょうした ひ　がつ　にち

なまえ　くみ　ばん

☆「そうです」を つかって かきましょう。

ぼくは、よくかぜをひい
たそうです。おかあさんが、
「よる、おいしゃさんにい
ったこともあったのよ。」
といっていました。

ぼくは、よくかぜをひい
たそうです。おかあさんが、
「よる、おいしゃさんにい
ったこともあったのよ。」
といっていました。

かきおわった ひとは
**やって みよう**

えに いろを ぬりましょう。

ひとから きいた ことを かく ときは、
「そうです」
と かきます。

# 初級① 76 たずねた ことを もとに かく②

べんきょうした ひ　がつ　にち

なまえ

くみ　ばん

☆「そうです」を つかって かきましょう。

ぼくは、よくかぜをひいたそうです。おかあさんが、「よる、おいしゃさんにいったこともあったのよ。」といっていました。

かきおわった ひとは やって みよう

えに いろを ぬりましょう。

ひとから きいた ことを かく ときは、「そうです」と かきます。

**初級①**

**77**

## たずねた ことを もとに かく③

べんきょうした ひ　がつ　にち

なまえ　くみ　ばん

☆「そうです」を つかって かきましょう。

わ は、ご 大
き 。お や が、
「きょ お な
ば す 、た 。」
と つ そうです。

わたしは、ごはんが大す
きです。おばあちゃんが、
「きょうはおかわりをなん
ばいするか、たのしみ。」
とよくいっていたそうです。

ひとから きいた ことを かく ときは、
「そうです」
と かきます。

かきおわった ひとは
**やって みよう**

えに いろを ぬりましょう。

**初級①**

**78**

## たずねた ことを もとに かく④

べんきょうした ひ　がつ　にち

なまえ　くみ　ばん

☆「そうです」を つかって かきましょう。

わたしは、ごはんが大すきです。おばあちゃんが、「きょうはおかわりをなんばいするか、たのしみ。」とよくいっていたそうです。

ひとから きいた ことを かく ときは、「そうです」と かきます。

かきおわった ひとは **やって みよう**

えに いろを ぬりましょう。

初級①

79

# あいうえお さくぶん

べんきょうした ひ がつ にち

なまえ くみ ばん

☆「あいうえお」から つくった おはなしを うつしましょう。

あ い う え お

あかるく
いつでも
うたをうたいます。
えがおいっぱい
おおきなこえです。

かきおわった ひとは やって みよう

「かきくけこ」から おはなしを つくりましょう。

か き く け こ

**初級①**

**80**

# あかさたな　さくぶん

べんきょうした ひ　がつ　にち

なまえ

くみ　ばん

☆「あかさたな」から　つくった　おはなしを　うつしましょう。

あ　か　さ　た　な

あひるも

かえるも

さかなもいるよ

たんぼのなかは

なかまでいっぱい

かきおわった ひとは　やって みよう

「いきしちに」から　おはなしを　つくりましょう。

に　ち　し　き　い

初級②

1

# かん字パズル①

べんきょうした日　月　日

なまえ　組　番

## ちょっとかくれんぼ

かん字たちが、木のはっぱにかくれたよ。正しくなおして、□にかきましょう。

① 場《じょう》 → □
② 組《くみ》 → □
③ 内《うち》 → □
④ 野《や》 → □
⑤ 角《かく》 → □
⑥ 図《ず》 → □
⑦ 読《よ》む → □む
⑧ 後《うし》ろ → □ろ

## 木のはがくし

ドロドロローン。ぼくは、いたずらずきだコン。かん字に木のはをつけてしまったコン。きちんとかいてみてコン。

① 半《はん》 → □
② 汽《き》 → □
③ 鳴《な》く → □く
④ 鳥《とり》 → □
⑤ 馬《うま》 → □
⑥ 線《せん》 → □
⑦ 週《しゅう》 → □
⑧ 計《けい》 → □
⑨ 原《はら》 → □
⑩ 近《ちか》い → □い

★おわったらやってみよう。
はっぱにいろをぬろう。

初級②

2

# かん字パズル②

べんきょうした日　月　日

なまえ　　組　番

## びりびりかん字

「やぶれじゅつ」をつかったでござる。やぶれたかん字を正しくかくでござる。

① 麦 → □ むぎ

② 来 → □る く

③ 知 → □る し

④ 東 → □ とう

⑤ 京 → □ きょう

⑥ 船 → □ ふね

⑦ 時 → □ とき

⑧ 家 → □ いえ

⑨ 紙 → □ かみ

⑩ 形 → □ かたち

⑪ 今 → □ いま

⑫ 台 → □ だい

⑬ 毎 → □ まい

## ばらばらじけん

かん字をばらばらに切ってしまいました。どれとどれをくみあわせると、下のよみがなの□にあてはまるでしょうか。

① うんどう□《じょう》

② 赤□《ぐみ》

③ □《ない》□《や》

④ 四□《かく》

⑤ 合□《ず》

⑥ □《よ》む

⑦ □《うし》ろ

★ おわったらやってみよう。
できたかん字をノートにかこう。

初級②

3

かん字パズル③

べんきょうした日　月　日

なまえ　組　番

★ はんぶんぎりのかん字をくっつけよう

かん字をはんぶんにしたらかん字がはなれてしまいました。かんせいさせて下の□にかきましょう。

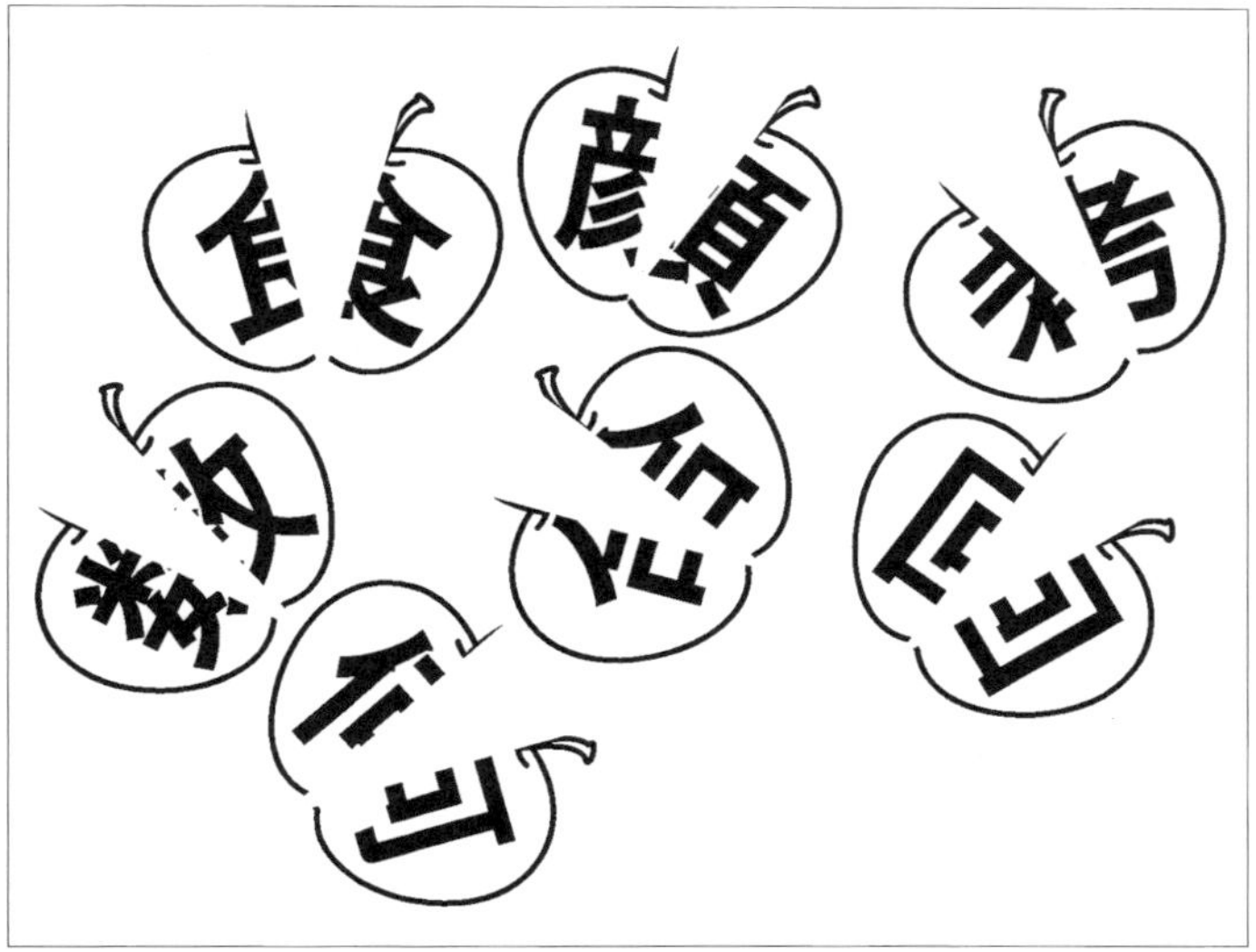

①□《かんが》える

②□《かお》

③□《あ》わせる

④□《かず》

⑤□《た》べる

⑥□□《なんかい》

おわったらやってみよう。
できたかん字をノートにかこう。

## ずれちゃった

おやつタイムだコン。りんごをはんぶんにしたよ。りんごの中にかん字があるけどわかるかな。コン。

図
①□《が》
②□《こう》
作

③□《が》
④□《よう》
紙

紙を
⑤□《き》
る

⑥□《ちゃ》
色

教
⑦□《か》
書

⑧□《さん》
数

⑨□《たい》
いく

初級②

# 4 音をあらわすことば

べんきょうした日　月　日

なまえ　組　番

☆ 音をあらわすことばをかきましょう。

① ちゃわんが ガチャン とわれた。
② チャイムが ピ□□□ となった。
③ かみなりが ゴ□□□ となった。
④ ドアを ト□□□ とノックする。
⑤ たいこを ド□□□ とたたく。
⑥ ふえを ピ□□□ とふいた。
⑦ お寺のかねが ゴ□□ となる。
⑧ 石を水の中に ド□□ となげた。
⑨ 紙を ビ□□ とやぶく。
⑩ てつぼうから ド□□ とおちる。
⑪ パ□□□ とはく手をした。
⑫ 犬が ワ□□□ とほえる。
⑬ 馬が ヒ□□□ といななく。
⑭ すずめが チ□□□□□ となく。
⑮ あひるが ガ□□□ となく。

☆ ここからえらぼう！

ガチャン
ピンポン
ゴロゴロ
トントン
ドンドン
ピーピー
ゴーン
ドボン
ビリッ
ドシン
パチパチ
ワンワン
ヒヒーン
チュンチュン
ガアガア

★ はやくおわったらやってみよう。

音をあらわすことばをきょうかしょからさがしてかこう。

□
□
□

もっと見つけてノートにかこう。

初級②

# 5 ようすをあらわすことば①

べんきょうした日　月　日

なまえ　組　番

☆ようすをあらわすことばをかきましょう。

① 赤ちゃんが［にこにこ］とわらう。

② けむりが［も□□□］と出る。

③ 風せんが［ふ□□□］ととぶ。

④ ほしが［き□□□］ひかる。

⑤ つかれて［く□□□］になった。

⑥ パンを［む□□□□□］食べる。

⑦ なっとうは［ね□□□］している。

⑧ あせをかいて［べ□□□］している。

⑨ 雪が［ち□□□］とふりだす。

⑩ ひなたは［ぽ□□□］とあたたかい。

⑪ 目がまわって［く□□□］する。

⑫ さるが木に［す□□□］とのぼる。

⑬ 赤ちゃんが［す□□□］とねている。

⑭ いすに［ど□□□］とすわる。

⑮ 子どもが［わ□□□］なく。

☆ここからえらぼう！

にこにこ　もくもく　ふわふわ　きらきら　くたくた　むしゃむしゃ　ねばねば　べとべと　ちらちら　ぽかぽか　くらくら　するする　すやすや　どっかり　わんわん

★はやくおわったらやってみよう。

ようすをあらわすことばをきょうかしょからさがしてかこう。

□　□　□

もっと見つけてノートにかこう。

初級②

# 6 ようすをあらわすことば②

べんきょうした日　月　日

なまえ

組　番

☆ ようすをあらわすことばをかきましょう。

①
子どもが　わんわん　なく。
子どもが　し　なく。
子どもが　え　なく。
子どもが　め　なく。

②
男の子が　す　あるく。
男の子が　て　あるく。
男の子が　と　あるく。
男の子が　ば　あるく。

③
おかあさんが　す　ねむる。
おかあさんが　ぐっ　ねむる。
おかあさんが　ぐう　ねむる。

④
女の子が　く　わらう。
女の子が　に　わらう。
女の子が　け　わらう。

☆ ここからえらぼう！

わんわん
しくしく
えんえん
めそめそ

すたすた
てくてく
とぼとぼ
ばたばた

すやすや
ぐっすり
ぐうぐう

くすくす
にやにや
けたけた

★ はやくおわったらやってみよう。
ようすをあらわすことばをきょうかしょからさがしてかこう。

もっと見つけてノートにかこう。

初級②

# 7 ことばを組みあわせる①

べんきょうした日　月　日

なまえ　組　番

☆ことばを組みあわせてかきましょう。

① とぶ＋はねる↓ とびはねる

② とぶ＋まわる↓ とび

③ とぶ＋おりる↓ とび

④ にげる＋まわる↓ にげまわる

⑤ ゆれる＋うごく↓ ゆれ

⑥ あれる＋くるう↓ あれ

⑦ 立つ＋上がる↓ 立ち

⑧ 立つ＋あるく↓ 立ち

⑨ 立つ＋のぼる↓ 立ち

⑩ はねる＋まわる↓ はね

⑪ 食べる＋すぎる↓ 食べ

⑫ なく＋わめく↓ なき

⑬ さがす＋まわる↓ さがし

⑭ はしる＋ぬける↓ はしり

⑮ さけぶ＋まわる↓ さけび

☆ここからえらぼう！

とびはねる
とびまわる
とびおりる
にげまわる
ゆれうごく
あれくるう
立ち上がる
立ちあるく
立ちのぼる
はねまわる
食べすぎる
なきわめく
さがしまわる
はしりぬける
さけびまわる

★はやくおわったらやってみよう。じぶんでもんだいをつくってみよう。

□＋□
↓
□

もんだいをつくったら、ノートにかこう。

初級②

# 8 ことばを組みあわせる②

べんきょうした日　月　日

なまえ　組　番

☆ ことばを組みあわせてかきましょう。

① ふく＋とばす → ふきとばす
② まう＋上がる → まい
③ 食べる＋あるく → 食べ
④ もつ＋はこぶ → もち
⑤ もつ＋かえる → もち
⑥ 食べる＋おわる → 食べ
⑦ 作る＋かえる → 作り
⑧ あばれる＋まわる → あ
⑨ 作る＋はじめる → 作
⑩ ながれる＋おちる → な
⑪ たたく＋おこす → た
⑫ はじく＋とばす → は
⑬ にぎる＋しめる → に
⑭ さく＋はじめる → さ
⑮ あそぶ＋まわる → あ

☆ ここからえらぼう！

ふきとばす
まい上がる
食べあるく
もちはこぶ
もちかえる
食べおわる
作りかえる
あばれまわる
作りはじめる
ながれおちる
たたきおこす
はじきとばす
にぎりしめる
さきはじめる
あそびまわる

★ はやくおわったらやってみよう。
じぶんでもんだいをつくってみよう。

＋

↓

もんだいをつくったら、ノートにかこう。

初級②

# 9 はんたいのことば①

べんきょうした日　月　日

なまえ　組　番

☆ はんたいのことばをかきましょう。

① うえ ↕ した
② むかし ↕ い
③ おとこ ↕ お
④ みぎ ↕ ひ
⑤ よこ ↕ た
⑥ まえ ↕ う
⑦ いりぐち ↕ で
⑧ はじまり ↕ お
⑨ じょうず ↕ へ
⑩ てんごく ↕ じ
⑪ ひる ↕ よ

☆ ここからえらぼう！

した　うしろ　よる
いま　でぐち　みかた
おんな　おわり　くろ
ひだり　へた　ふべん
たて　じごく　こども

⑫ てき ↕ み
⑬ しろ ↕ く
⑭ べんり ↕ ふ
⑮ おとな ↕ こ

★ はやくおわったらやってみよう。
はんたいのことばをあつめよう。

↕

↕

↕

初級②

10

# はんたいのことば②

べんきょうした日　月　日

なまえ　組　番

☆ はんたいのことばをかきましょう。

① すくない ↕ おおい

② 広い ↕ せ

③ かるい ↕ お

④ ほそい ↕ ふ

⑤ やすい ↕ た

⑥ 明るい ↕ く

⑦ ふかい ↕ あ

⑧ ひくい ↕ た

⑨ 大きい ↕ 小

⑩ よい ↕ わ

⑪ つよい ↕ よ

☆ ここからえらぼう！

おおい　くらい　よわい
せまい　あさい　はやい
おもい　たかい　さむい
ふとい　小さい　とおい
たかい　わるい　こい

⑫ おそい ↕ は

⑬ あつい ↕ さ

⑭ ちかい ↕ と

⑮ うすい ↕ こ

★ はやくおわったらやってみよう。
はんたいのことばをあつめよう。

↕

↕

↕

初級②

# 11 はんたいのことば③

べんきょうした日　月　日

なまえ

組　番

☆ はんたいのことばをかきましょう。

① ひらく ↔ とじる

② かつ ↔ ま□□

③ かす ↔ か□□

④ ふとる ↔ や□□

⑤ へる ↔ ふ□□

⑥ いれる ↔ だ□

⑦ おす ↔ ひ□

⑧ ぬぐ ↔ き□

⑨ かわく ↔ ぬ□□

⑩ 止まる ↔ う□□

⑪ 行く ↔ か□□

☆ ここからえらぼう！

| | | |
|---|---|---|
| とじる | だす | かえる |
| まける | ひく | すてる |
| かりる | きる | ちぢむ |
| やせる | ぬれる | わらう |
| ふえる | うごく | うく |

⑫ ひろう ↔ す□□

⑬ のびる ↔ ち□□

⑭ なく ↔ わ□□

⑮ しずむ ↔ う□

★ はやくおわったらやってみよう。
はんたいのことばをあつめよう。

□ ↔ □

□ ↔ □

□ ↔ □

初級②

12

# カタカナでかくことば①

べんきょうした日　月　日

なまえ　組　番

☆ カタカナでかいてあることばを○でかこみましょう。

① ぼくは、冬になるとスキーとスケートをする。

② わたしは、ハンバーグとスパゲティが大すきです。

☆ カタカナでかいてあることばをうつしましょう。

③ シャーベットをたくさんたべたら、ジュースがのめない。

シャーベット　ジュース

④ サッカーをしたいのに、どこをさがしてもボールがない。

サッカー　ボール

☆ ひらがなをカタカナでかきましょう。

⑤ どうぶつえんで、ペ□□□《ぺんぎん》とコ□□《こあら》が見たい。

⑥ ノ□□《のーと》にボ□□□□《ぼーるぺん》でえをかいた。

⑦ わたしがすきなくだものはパ□□□□□《ぱいなっぷる》です。

★ はやくおわったら、きょうかしょからカタカナのことばを見つけてかこう。

初級②

# 13 カタカナでかくことば②

べんきょうした日　月　日

なまえ　組　番

☆ えをカタカナでかきましょう。

① ぼくは、ア＿＿をたべた。

② こうえんでポ＿＿をたべた。

③ ト＿＿とピ＿＿がすきです。

④ どうぶつえんで＿＿と＿＿とを見た。

★ はやくおわったら絵にいろをぬろう。

# 初級② 14 カタカナでかくことば③

べんきょうした日　月　日

なまえ　組　番

☆ カタカナになおしてかきましょう。

☆ カタカナでかくことばを○でかこみましょう。

① きのう、れすとらんではんばーぐとさらだをたべました。

レストラン　ハン
バーグ　サラダ　。

② ちゅうりっぷとひやしんすのきゅうこんをもらった。

チューリップ　ヒヤシンス

③ さんどいっちをつくりました。ぱんにばたーをぬって、はむとれたすとちーずをはさんで、ないふできりました。

サンドイッチ
。パン　バター　、
ハム　レタス　チーズ
、ナイフ

★ はやくおわったら、きょうかしょからカタカナのことばを見つけてかこう。

初級②

# 15 くっつきの「は」

べんきょうした日　月　日

なまえ　　組　　番

☆「ワ」とよむ「は」を○でかこみましょう。

① ぼくは、けしゴムをわすれた。

② わたしは、本をよんでわらった。

☆ うつしましょう。

③ しんかんせんは、はやい。

④ はるは、はれる日がおおい。

☆ ○の中に字をいれて、うつしましょう。

⑤ ぼく○、ねこににている。

⑥ ぼく○、どらやきがすきだ。

⑦ ぼく○、ねずみがきらいだ。

★ はやくおわったら絵にいろをぬろう。

初級②

16

# くっつきの「を」

べんきょうした日　月　日

なまえ　組　番

☆「オ」とよむ「を」を○でかこみましょう。

① ぼくは、本をおとしました。

② おいしいケーキをつくりました。

☆うつしましょう。

③ ぼくは、おもちをたべた。

④ いそいでかいだんをおりた。

☆○の中に字をいれて、うつしましょう。

⑤ ぼくは、おにごっこ○した。

⑥ わたしは、こおり○わった。

⑦ 手○あげて、みち○わたる。

★ はやくおわったら絵にいろをぬろう。

初級②
17
# くっつきの「へ」

べんきょうした日　月　日
なまえ　組　番

☆「エ」とよむ「へ」を〇でかこみましょう。

① わたしは、きのうえいがかんへいきました。

② えんそくでうみへいくよていです。

☆ うつしましょう。

③ わたしは、えきへいった。

④ かえるがとおくへとんだ。

☆ 〇の中に字をいれて、うつしましょう。

⑤ ぼくは、ハワイ〇いきたい。

⑥ おじいさんのいえ〇いった。

⑦ まいにち、がっこう〇いく。

★ はやくおわったら絵にいろをぬろう。

初級②

18

# 文をかく①

べんきょうした日　月　日

なまえ　組　番

☆ 文のおしまいには、くてん（。）をつけるきまりになっています。
文のおしまいに。をつけて、かきうつしましょう。

① かぞくみんなで海へ行きました。

② ぼくとおとうとは海のふかいところにもぐりました。

③ すると、ふぐやいそぎんちゃくやうにがいました。

④ いそぎんちゃくは、つかまえることができました。

⑤ ぼくとおとうとでうにをとろうとしたけど、とれませんでした。

★ はやくおわったらやってみよう。
つぎの文のおしまいに。をつけてノートにかきうつそう。

にじますみたいな小さな魚が、むれになっておよいでいました

19

# 文をかく②

べんきょうした日　月　日

なまえ　組　番

☆ うしろにある作文を一つずつの文にわけてかきうつしましょう。一つの文のおわりには、かならず。をつけます。

① ぼくは、コイをかっています。

② 名前はクロです。

③ 大きさは　　　です。

④ 体の色は　　　。

⑤ 目が大きくて　　　す。

⑥ クロが　上　　　。

⑦ えさを　　　。

◇ ぜんぶで七つの文があります。

ぼくは、コイをかっています。名前はクロです。大きさは一メートルくらいです。体の色はまっくろです。目が大きくてこわいくらいです。

クロがえさを食べるとき、池の上に上がってきて口を上にパクパクとあけて食べます。えさを食べるすがたがとてもかわいいです。

★ はやくおわったら、右の作文をノートにかきうつそう。

初級②

20

# 文をかく③

べんきょうした日　月　日

なまえ　組　番

☆うしろにある作文を一つずつの文にわけてかきうつしましょう。一つの文のおわりには、かならず。をつけます。

①
ぼくはメダカをかっています。

②
大きいのや小さいのがいますが、
ニ　。

③
ツーイツイと　。

④
ときどき
か　。

⑤
そんなとき、
で　。

⑥
もっと　。
み

◇文のおわりに。をつけましょう。六つの文があります。

ぼくはメダカをかっています。大きいのや小さいのがいますが、ニセンチメートルくらいです。ツーイツイとおよぎます。

ときどき小さいメダカが水草にかくれることがあります。そんなとき、いなくなったようでしんぱいになります。

もっとたくさんメダカをかってみたいと思います。

★はやくおわったら、右の作文をノートにかきうつそう。

初級②

21

# 文をかく④

べんきょうした日　月　日

なまえ　組　番

☆ うしろにある作文を一つずつの文にわけてかきうつしましょう。一つの文のおわりには、かならず。をつけます。

①
わたしは、土曜日におでんをは
じめて作りました。

②
大こんのかわを
た　。

③
おでんが
も　た。

④
一口食べて
し　。

⑤
大こんの
ん　。

◇ 文のおわりに。をつけましょう。五つの文があります。

わたしは、土曜日におでんをはじめて作りました　大
こんのかわをむいたり、きったりするのが楽しかったで
す
おでんができあがっておさらにもると、いいにおいが
しました　一口食べてみると、とてもおいしかったです
大こんのほかにも、ちくわやこんぶが入っていました

★ はやくおわったら、右の作文をノートにかきうつそう。

初級②

22

# 文をかく⑤

べんきょうした日　月　日

なまえ　組　番

☆ うしろにある作文をかきうつしましょう。一つの文のおわりには、かならず。をつけます。

◇ 文のおわりに。をつけましょう。七つの文があります。

　学校のまわりでマリーゴールドを見つけました　さいしょは名前がわかりませんでした　すると、けい子さんが教えてくれました　マリーゴールドは、花が黄色で、はとくきはみどりでした　においをかいだら、チューリップににたにおいがしました　すてきな花をみつけてうれしくなりました　こんど、そだててみようと思います

★ はやくおわったらやってみよう。

花の名前をできるだけたくさんノートにかこう。

初級②

23

# いろいろな形の文①

べんきょうした日　月　日

なまえ　組　番

☆ つぎの□に「が」「を」「に」を入れましょう。

① 小鳥□えさ□食べる。

② 小鳥□えだ□とまる。

③ 親鳥□小鳥□えさ□あたえる。

☆ かきうつしましょう。

① 小鳥がえさを食べる。

② 小鳥がえだにとまる。

③ 親鳥が小鳥にえさをあたえる。

④ 先生がボールをなげる。

⑤ おかあさんが車にのる。

⑥ 弟が本だなに本をかえした。

★ はやくおわったらやってみよう。

□の中にことばを入れて文をつくろう。

□が□に□を□。

初級②

24

# いろいろな形の文②



なまえ　組　番

☆ □の中にことばを入れて文をつくりましょう。

① 友だちが□をなげる。

② □が□をなげる。

③ □が□を□。

④ おじさんが□にすわる。

⑤ □が□にすわる。

⑥ □が□に□。

⑦ 弟が□に絵をかいた。

⑧ 弟が□に□をかいた。

⑨ 弟が□に□を□。

⑩ □が□に□を□。

★ はやくおわったらやってみよう。
□の中にことばを入れて文をつくろう。

□は□に□を□。

初級②

25

# 正しい文をかく①

べんきょうした日　月　日

なまえ　組　番

☆ 上の三つのことばをつかって、一つの文にしましょう。

かわいい
うさぎ
はねる

↓

かわいいうさぎがはねる。

つめたい
雨
ふる

↓

つめたい雨がふる。

小さい
犬
走る

↓

小さい犬が走る。

あたたかい
風
ふく

↓

あ　風　ふ

黄色い
たんぽぽ
さいた

↓

黄　た　さ

★ はやくおわったら絵にいろをぬろう。

初級②

# 26 正しい文をかく②

べんきょうした日　月　日

なまえ　組　番

☆ 上の四つのことばをつかって、一つの文にしましょう。

白い
ちょうちょ
ひらひら
とんでいる

↓

白いちょうちょが、ひらひらとんでいる。

まるい
おにぎり
ころころ
ころがった

↓

まるいおにぎりが、ころころところがった。

わたのような
ゆき
ふわふわ
ふってきた

↓

わたのようなゆきが、ふわふわとふってきた。

赤い
魚たち
ゆらゆら
およぐ

↓

赤　と　。　が、ゆ

★ はやくおわったらやってみよう。

下の四つのことばをならべかえて正しい文にしよう。

文はノートにかこう。

青い
ふわふわ
ふうせん
ういている

初級②

27

# 正しい文をかく③

べんきょうした日　月　日

なまえ　組　番

☆ 上の四つのことばをならべかえて、正しい文にしましょう。

ふわふわ
くも
白い
うかんでいる

↓

白いくもが、ふわふわ
とうかんでいる。

でてきた
けむり
くろい
もくもく

↓

くろいけむりが、もく
もくとでてきた。

つめたい
さらさら
水
ながれる

↓

つめたい水が、さらさ
らとながれる。

ざりがに
ごそごそ
うごいた
赤い

↓

、
。

★ はやくおわったらやってみよう。
下の四つのことばをならべかえて正しい文にしよう。
文はノートにかこう。

つめたい
ぴゅーぴゅー
ふく
かぜ

初級②

28

# 「 」をつかう①

べんきょうした日　月　日

なまえ　組　番

【なぞりがき】

「カレーライスよりおすしが食べたい。」

☆ おはなししていることばを○でかこみましょう。

ぼくは、おかあさんに、
「カレーライスよりおすしが食べたい。」
と、こたえました。

【なぞりがき】

「きょう、あさがおが三つさいたよ。青いろでとってもきれいだよ。」

☆ おはなししていることばを○でかこみましょう。

わたしは、せんせいに、
「きょう、あさがおが三つさいたよ。青いろで
とってもきれいだよ。」
と、いいました。

★ はやくおわったら絵にいろをぬろう。

初級②

29

# 「　」をつかう②

べんきょうした日　月　日

なまえ　組　番

【なぞりがき】

「この色えんぴつはどこで
うっているの。」

☆ おはなししていることばを○でかこみましょう。

ぼくは、あきおさんに、
この色えんぴつはどこでうっているの。
と、たずねました。

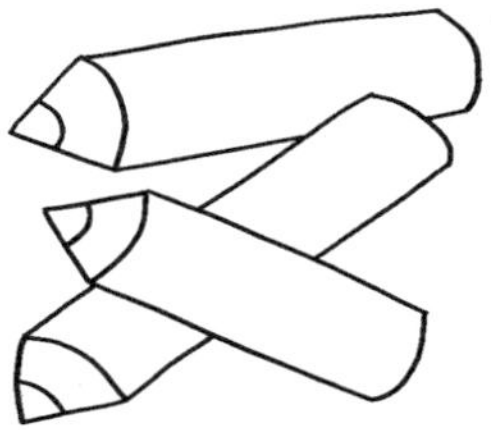

【なぞりがき】

「きのう、ほしかった本を
かってもらいました。と
てもうれしかったです。」

☆ おはなししていることばを○でかこみましょう。

わたしは、みんなに、
きのう、ほしかった本をかってもらいました。
とてもうれしかったです。
と、はなしました。

★ はやくおわったら絵にいろをぬろう。

初級②

# 30 「」をつかう③

べんきょうした日　月　日

なまえ　組　番

☆ おはなししていることばに「」をつけて、うつしましょう。

ぼ
「お
と、
。
」。

☆ おはなししていることばに「」をつけましょう。

ぼくは、みんなに、
おにごっこをしよう。
と、いいました。

☆ おはなししていることばに「」をつけて、うつしましょう。

お
「い
。
はやく
」。
と、
た
。

☆ おはなししていることばに「」をつけましょう。

おかあさんに、
いつまでおきているの。はやくねなさい。
と、しかられました。

★ はやくおわったら絵にいろをぬろう。

初級②

# 31 「 」をつかう④

べんきょうした日　月　日

なまえ　組　番

☆「 」をつけて、文をうつしましょう。

け　、
「あっ、　。
毛　」。
と、　。

あっ、たんぽぽだ。わた毛ができてるね。と、
けいこさんはいいました。

☆おはなししていることばに「 」をつけましょう。

せ　、
「ノ　。
も　」。
と、　た。

ノートがきれいです。字もじょうずだね。と、
せんせいにほめられました。

☆おはなししていることばに「 」をつけましょう。

★はやくおわったら、きょうかしょから「 」をつかった文を見つけてかこう。

初級②

32

# はなしことばからかきだす①

べんきょうした日　月　日

なまえ　組　番

☆　はなしことばからかきはじめましょう。

「あっ、ゆきだ。」
けいこさんは、まどのそ
とを見ていいました。

☆　おはなししていることばを○でかこみましょう。

「あっ、ゆきだ。」けいこさんは、まどのそとを見ていいました。

「もうすこしでどうぶつえ
んに　　。」
バスガイドさんが、
ま　。

☆　おはなししていることばを○でかこみましょう。

「もうすこしでどうぶつえんにとうちゃくします。」バスガイドさんが、いいました。

★　はやくおわったら上の絵にいろをぬろう。

初級②

33

# はなしことばからかきだす②

べんきょうした日　月　日

なまえ　組　番

「やった、ゴールにたどり
ついたぞ。」
ぼくは、さけびました。

☆ はなしことばではじまる文にしましょう。

ぼくは、

「やった。ゴールにたどりついたぞ。」

と、さけびました。

「あれ、
こ　。」
わたしは、　ま
。

☆ おはなししていることばを○でかこみましょう。

わたしは、

「あれ、ここはいったいどこだろう。」

と、あたりを見まわしました。

★ はやくおわったら、きょうかしょから「　」をつかった文を見つけてかこう。

初級②

34

# はなしことばからかきだす③

べんきょうした日　月　日

なまえ　組　番

「け

」。

はいしゃさんの

、言われました。

わたしは、

。

。

☆けいこさんははいしゃさんに行ったときの作文を書きました。はなしことばではじまる文に書きなおしましょう。

はいしゃさんのまち合いしつで本を読んでいると、とつぜん、

「けいこさん、中に入ってください。」

と言われました。

わたしは、どきどきしながら中に入りました。

くすりのにおいがしました。

★はやくおわったら、きょうかしょから「　」をつかった文を見つけてかこう。

初級②

35

# はなしことばからかきだす④

べんきょうした日　月　日

なまえ　組　番

☆ けいこさんが、あさ先生に会ったときのようすです。そのときのようすをそうぞうして、できるだけくわしくかきましょう。
はなしことばからかきだしましょう。

「先生、おはようございま
す。」
わたしがげんきよくあい
さつをすると、先生もにこ
にことわらってあいさつを
してくださいました。
「けいこさん、　　　　」。
わたしは、
「
と、言いました。

☆ けいこさんが先生に言ったことをそうぞうしてかいてみましょう。

★ はやくおわったら絵にいろをぬろう。

初級②

36

# だらだら文をなおす①

べんきょうした日　月　日

なまえ

組　番

☆ だらだらつづいてわかりにくい文をいくつかのみじかい文になおします。

こうえんにいって、／ブランコにのって、／雨がふってきて、／いそいで家にかえりました。

こうえんにいきました。
ブランコにのりました。雨
がふってきました。いそい
で家にかえりました。

きのう、ぼくはけんたさんの家にいって、／トランプやゲームであそんで、／ケーキを食べて、／とてもたのしかったです。

きのう、ぼくはけんたさ
んの家にいきました。トラ
ンプやゲームであそびまし
た。ケーキを食べました。
とてもたのしかったです。

★ はやくおわったらやってみよう。

下の文をいくつかのみじかい文になおして、ノートにかこう。

きのう、こうえんにいって、／すべり台であそんで、／すなばで山をつくって、／くらくなってきたのでかえりました。

初級②

37

# だらだら文をなおす②

べんきょうした日　月　日

なまえ　組　番

☆ だらだらつづいてわかりにくい文をいくつかのみじかい文になおします。

デパートにいきました。

ようふく　　　ました。お

ひるに　　　まし

た。お　　　。

デパートにいって、／ようふくをかって、／おひるにラーメンを食べて、／おいしかったです。

ゆうがた

。はじめ

。よなか

ました。あさ、

。

ゆうがたから雨がふりだして、／はじめはこぶりでしたが、／よなかにはどしゃぶりになり、／あさ、おきるとはれていました。

★ はやくおわったらやってみよう。

下の文をいくつかのみじかい文になおして、ノートにかこう。

学校のうさぎを見ていたら、／うさぎは草を食べて、／ぴょんぴょんはねて、／そのあとでわたしをじっと見ていました。

# 初級② 38 だらだら文をなおす③

べんきょうした日　月　日
なまえ　組　番

☆ だらだらつづいてわかりにくい文をいくつかのみじかい文になおします。

うんどう会　　　　　し
ました。
な　　　　　　　　　でし
た。
一　　　　ました。
　　ました。
　　　　。
　　　　　　　　。
　　　　　　　　　。

☆ 文をきるところに／をかきましょう。

うんどう会で玉いれをして、／たくさんなげてもなかなかはいらなくて、／おもいきってなげたら一つはいって、／ふえがなって、／なげるのをやめて、玉のかずをみんなでかぞえて、／四十五こはいっていました。

★ はやくおわったらやってみよう。
下の文をいくつかのみじかい文になおして、ノートにかこう。

うんどうかいで五十メートルをはしって、／スタートするときにきんちょうして、／スタートのあいずで走りはじめて、／いっしょうけんめい走って、／三いになりました。

初級②
39
# ていねいないいかた①

べんきょうした日　月　日
なまえ　組　番

☆ ともだちにいういいかたを、先生にいういいかたにしましょう。

あさがおの花がさいているのを見つけたよ。
→
| | |
|---|---|
| | る |
| あ | の |
| さ | を |
| が | 見 |
| お | つ |
| の | け |
| 花 | ま |
| が | し |
| さ | た |
| い | 。 |
| て | |
| い | |

うさぎがもぐもぐえさを食べていた。
→
| | |
|---|---|
| | 食 |
| う | べ |
| さ | て |
| ぎ | い |
| が | ま |
| | し |
| | た |
| | 。 |
| | |
| | |
| | |
| | |
| | |

はさみをわすれたから、かして。
→
| | |
|---|---|
| | か |
| は | し |
| | て |
| | く |
| を | だ |
| | さ |
| | い |
| | 。 |
| | |
| | |
| | |
| | |
| | |

★ はやくおわったらやってみよう。
あさ、先生にあったときのあいさつのことばをかきましょう。

| |
|---|
| お |
| |
| |
| |
| |
| |
| |
| |
| |
| 。 |

みんなにおはなしするときも、先生にいうときのようないいいかたをします。

初級②

40

# ていねいないいかた②

べんきょうした日　月　日

なまえ　組　番

☆ みんなにおはなしするときのいいかたになおしましょう。

生活かの時間に、
つくりました。
だんボールばこを
あつめました。
つくりました。

生活かの時間に、ひみつきちをつくったんだ。だんボールばこを五つもあつめたんだ。その五つのだんボールばこでふねのような形のきちをつくったんだ。だんボールを組み立てるのがとってもむずかしくて、くろうしたなあ。
だから、かんせいしたらほっとしたよ。

★ はやくおわったらやってみよう。

きょうかしょから、ていねいないいかたでかいてある文をさがして、ノートにかきうつそう。

初級②

41

# ていねいないいかた③

べんきょうした日　月　日

なまえ

組　番

☆おはなしをみんなにするときのいいかたになおしましょう。

むかしむかしのこと、

ました。

き

いると、

こ

きました。

ました。

ません。

そ

。

むかしむかしのこと、はらぺこぎつねがいた。
きつねが歩いていると、こねこがやってきた。
きつねは、こねこをがぶりと食べようとした。でも、
まだ小さいから食べてもおなかがふくれない。
そこで、きつねはいいことを考えた。

★はやくおわったらやってみよう。
きょうかしょから、ていねいないいかたでかいてある文をさがして、ノートにかきうつそう。

初級②

42

# じゅんじょよくかく①

べんきょうした日　月　日

なまえ　組　番

【なぞりがき】

はじめに、あつがみにおにのかおをかきました。

☆　いちばんさいしょにしたとわかることばはなんですか。

【うつしがき】

はじめに

☆　いちばんさいしょにしたことがかいてある文を○でかこみましょう。

生活かのじかんに、おにのおめんをつくりました。

はじめに、あつがみにおにのかおをかきました。

つぎに、クレパスでいろをぬりました。

それから、はさみであつがみをきりました。

さいごに、耳のところにゴムをつけました。

こわそうなおにになりました。せつ分のまめまきのときに、このおにのおめんをつけようと思います。きっとみんながびっくりするでしょう。

★　はやくおわったらやってみよう。

下の文の中から、いちばんさいしょにしたことがかいてある文をノートにかきうつそう。


うさぎごやのそうじをしました。

はじめに、うさぎをこやのそとに出しました。

つぎに、下にしいてあるしんぶんしをすてました。

それから、あたらしいしんぶんしをしきました。

さいごに、うさぎをこやにいれました。

あたらしいしんぶんしで、うさぎもきもちがいいのかなあと思いました。

初級②

# 43 じゅんじょよくかく②

べんきょうした日　月　日

なまえ　組　番

【なぞりがき】

つぎに、クレパスでいろ
をぬりました。

☆ 二ばんめにしたとわかることばはなんですか。

つ

【うつしがき】

☆ 二ばんめにしたことがかいてある文を○でかこみましょう。

生活かのじかんに、おにのおめんをつくりました。はじめに、あつがみにおにのかおをかきました。つぎに、クレパスでいろをぬりました。それから、はさみであつがみをきりました。さいごに、耳のところにゴムをつけました。こわそうなおにになりました。せつ分のまめまきのときに、このおにのおめんをつけようと思います。きっとみんながびっくりするでしょう。

★ はやくおわったらやってみよう。

下の文の中から、二ばんめにしたことがかいてある文をノートにかきうつそう。

うさぎごやのそうじをしました。
はじめに、うさぎをこやのそとに出しました。
つぎに、下にしいてあるしんぶんしをすてました。
それから、あたらしいしんぶんしをしきました。
さいごに、うさぎをこやにいれました。
あたらしいしんぶんしで、うさぎもきもちがいいのかなあと思いました。

**初級②**

**44**

# じゅんじょよくかく③

べんきょうした日　月　日

なまえ　組　番

【なぞりがき】

さいごに、耳のところに
ゴムをつけました。

☆ さいごにしたとわかることばはなんですか。

さ

【うつしがき】

☆ さいごにしたことがかいてある文を○でかこみましょう。

生活かのじかんに、おにのおめんをつくりました。

はじめに、あつがみにおにのかおをかきました。

つぎに、クレパスでいろをぬりました。

それから、はさみであつがみをきりました。

さいごに、耳のところにゴムをつけました。

こわそうなおにになりました。せつ分のまめまきのときに、このおにのおめんをつけようと思います。きっとみんながびっくりするでしょう。

★ はやくおわったらやってみよう。
下の文の中から、さいごにしたことがかいてある文をノートにかきうつそう。


うさぎごやのそうじをしました。

はじめに、うさぎをこやのそとに出しました。

つぎに、下にしいてあるしんぶんしをすてました。

それから、あたらしいしんぶんしをしきました。

さいごに、うさぎをこやにいれました。

あたらしいしんぶんしで、うさぎもきもちがいいのかなあと思いました。

初級②

45

# じゅんじょよくかく④

べんきょうした日　月　日

なまえ　組　番

☆ かいた人のかんそうをかきうつしましょう。

こわそうな

。せつ分の

き

つと

☆ かいた人のかんそうがかいてある文を〇でかこみましょう。

生活かのじかんに、おにのおめんをつくりました。はじめに、あつがみにおにのかおをかきました。つぎに、クレパスでいろをぬりました。それから、はさみであつがみをきりました。さいごに、耳のところにゴムをつけました。こわそうなおにになりました。せつ分のまめまきのときに、このおにのおめんをつけようと思います。きっとみんながびっくりするでしょう。

★ はやくおわったらやってみよう。
下の文の中から、かんそうがかいてある文をノートにかきうつそう。

うさぎごやのそうじをしました。はじめに、うさぎをこやのそとに出しました。つぎに、下にしいてあるしんぶんしをすてました。それから、あたらしいしんぶんしをしきました。さいごに、うさぎをこやにいれました。あたらしいしんぶんしで、うさぎもきもちがいいのかなあと思いました。

初級②

46

# じゅんじょよくかく⑤

べんきょうした日　　月　　日

なまえ　　　　組　　番

☆ うつしましょう。

生活かの
はじめに、
つぎに、
それから、
さいごに、

生活かのじかんに、おにのおめんをつくりました。

はじめに、あつがみにおにのかおをかきました。

つぎに、クレパスでいろをぬりました。

それから、はさみであつがみをきりました。

さいごに、耳のところにゴムをつけました。

こわそうなおにになりました。せつ分のまめまきのときに、このおにのおめんをつけようと思います。きっとみんながびっくりするでしょう。

初級②

47

# じゅんじょよくかく⑥

べんきょうした日　月　日

なまえ　組　番

☆ 正しいじゅんばんにして、文をかきましょう。

海に行って、みんなですいかわりをしました。

はじめに、おとうとがした

けど、　。

つぎに、

さいごに、

海で食べたすいかはおいしかったです。

☆ 文を正しいじゅんばんにします。□の中に1・2・3をかきましょう。

海に行って、みんなですいかわりをしました。

□ つぎに、ぼくがしたけど、やっぱりわれませんでした。

□ さいごに、おにいさんがしたら、われました。

□ はじめに、おとうとがしたけど、われませんでした。

海で食べたすいかはおいしかったです。

★ はやくおわったら絵にいろをぬろう。

初級②

48

# じゅんじょよくかく⑦

べんきょうした日　月　日

なまえ　組　番

☆ 正しいじゅんばんにして、文をかきましょう。

昼休みに、みゆきさんとすなばであそびました。

じかんがかかったけど、たのしかったです。

☆ 文を正しいじゅんばんにします。□の中に1・2・3・4をかきましょう。

□□□□

昼休みに、みゆきさんとすなばであそびました。

それから、山のおなかをほってトンネルをつくりました。

はじめに、大きな山をつくりました。

つぎに、山に水をかけてかたくしました。

さいごに、川をつくって水をながしました。

じかんがかかったけど、たのしかったです。

★ はやくおわったら絵にいろをぬろう。

初級②

49

# じゅんじょよくかく⑧

べんきょうした日　月　日

なまえ　組　番

☆ 公園であそんだときの作文をかきましょう。絵は、あそんだもののじゅんばんにならんでいます。「はじめに」「つぎに」「それから」「さいごに」をつかってかきましょう。あそんだときのようすをそうぞうしてかいてみてもいいですよ。

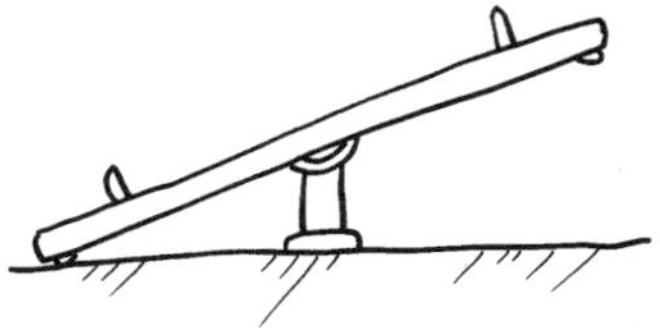

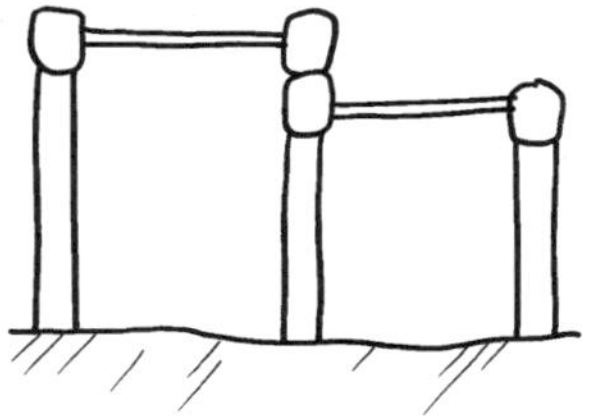

公園であそびました。
はじめに、

★ はやくおわったら絵にいろをぬろう。

初級②

50

# おはなしをかく①

べんきょうした日　月　日

なまえ　組　番

☆「うさぎとかめ」のうたをおはなしになおしてかきましょう。

かめにであったうさぎがいいました。

「もしもしかめさん。せかいじゅうさがしても、おまえほどあしがおそいものはいないよ。どうしてそんなにおそいんだい。」

すると、かめがいいかえしました。

「

もしもしかめよ　かめさんよ
世界（せかい）のうちに　おまえほど
歩（あゆ）みののろい　ものはない
どうしてそんなに　のろいのか

なんとおっしゃる　うさぎさん
そんならおまえと　かけくらべ
むこうの小山（こやま）の　ふもとまで
どちらが先に　かけつくか

初級②

51

# おはなしをかく②

べんきょうした日　月　日

なまえ　組　番

☆「うさぎとかめ」のうたのつづきをおはなしになおしてかきましょう。

「どんなにかめがいそいだって、どうせよるまでかかるだろう。それなら、ここらでちょっとひとねむりしよう。おいつくわけないさ。」と、うさぎはおもいました。

どんなにかめが　いそいでも
どうせ晩（ばん）まで　かかるだろう
ここらで　ちょっとひと眠（ねむ）り
ぐうぐうぐうぐう　ぐうぐうぐう

これは寝（ね）すぎた　しくじった
ぴょんぴょんぴょんぴょんぴょんぴょんぴょん
あんまりおそい　うさぎさん
さっきの自慢（じまん）はどうしたの

**初級②**

**52**

# おはなしをかく③

べんきょうした日　月　日

なまえ

組　番

☆「どんぐりころころ」のうたをおはなしになおしてかきましょう。

どんぐり
ころころ
どんぶりこ
お池にはまって
さあたいへん
どじょうがでて
きて
こんにちは
ぼっちゃんいっ
しょに
あそびましょう

★ はやくおわったら絵にいろをぬろう。

どんぐりが、コロコロところがりました。

「ドブン」。

と、池におちてしまいました。

「たいへんだ。たすけてくれ」。

と、どんぐりがさけびました。すると、どじょうがでてきて、たすけてくれました。

「こんにちは。

初級②
53
# おはなしをかく④

べんきょうした日　月　日
なまえ　組　番

☆「どんぐりころころ」のうたのつづきをおはなしになおしてかきましょう。

どんぐり ころころ よろこんで
しばらく いっしょに あそんだが
やっぱり お山が こいしいと
ないては どじょうを こまらせた

★ はやくおわったら絵にいろをぬろう。

どんぐりは、よろこびました。そして、どじょうといっしょに池の中でしばらくあそんでいました。

でも、どんぐりは、だんだんかなしくなってきました。

「やっぱり、

初級②

# 54 おはなしをかく⑤

べんきょうした日　月　日

なまえ　組　番

☆「どんぐりころころ」のうたのつづきをおはなしになおしてかきましょう。

どんぐり
ころころ
ないてたら
なかよし
こりすが
とんできて
おちばに
くるんで
おんぶして
いそいで
お山に
つれてった

★はやくおわったら絵にいろをぬろう。

どんぐりが山にかえりたいとないていました。
すると、

初級②

55

# おはなしをかく⑥

べんきょうした日　月　日

なまえ　組　番

☆「うらしまたろう」のうたをおはなしになおしてかきましょう。

むかしむかし
うらしまは
たすけたかめに
つれられて
りゅうぐうじょうへ
きてみれば
絵にもかけない
うつくしさ

むかしむかし、あるところに、うらしまたろうという男がいました。うらしまは、子どもにいじめられていたかめをたすけました。

するとかめは

★はやくおわったら絵にいろをぬろう。

初級②

56

# おはなしをかく⑦

べんきょうした日　月　日

なまえ　組　番

☆「うらしまたろう」のうたのつづきをおはなしになおしてかきましょう。

おとひめさまの
ごちそうに
たいやひらめの
まいおどり
ただめずらしく
おもしろく
月日のたつのも
ゆめのうち

あそびにあきて
気がついて
おいとまごいも
そこそこに
かえるとちゅうの
たのしみは
みやげに
もらった
たまてばこ

★ はやくおわったら絵にいろをぬろう。

初級②

57

# おはなしをかく⑧

べんきょうした日　月　日

なまえ　組　番

☆「うらしまたろう」のうたのつづきをおはなしになおしてかきましょう。

かえってみれば
こはいかに
もといたいえも
村もなく
みちに行きあう
ひとびとは
かおもしらない
ものばかり

こころぼそさに
ふたとれば
あけてくやしき
たまてばこ
中からぱっと
しろけむり
たちまちたろうは
おじいさん

★はやくおわったら絵にいろをぬろう。

初級②

58

# 絵をみてかく①

☆ 一まいの絵をみておはなしを考えてかきましょう。

べんきょうした日　月　日

なまえ　組　番

夕方、とつぜん雨がふってきました。かいものに出かけていたおかあさんから、でん話がかかってきました。

おかあさんは、

「かさをもって、えきにおむかえに来てね」。

と、いいました。

わたしは、

つづきをかいてみよう。

★ はやくおわったら絵にいろをぬろう。

初級②

59

# 絵をみてかく②

べんきょうした日　月　日

なまえ　組　番

☆ 一まいの絵をみておはなしを考えてかきましょう。

ゆうえんちのいり口で、パンダのかっこうをした人が風せんをくばっていました。いろいろなもようの風せんをもっていました。

つづきをかいてみよう。

★ はやくおわったら絵にいろをぬろう。

初級②

60

# 絵をみてかく③

べんきょうした日　月　日

なまえ　組　番

☆ 一まいの絵をみておはなしを考えてかきましょう。

どうぶつ園でゴリラをみました。ゴリラは二ひきいました。一ぴきはバナナを食べていました。もう一ぴきは

つづきをかいてみよう。

★ はやくおわったら絵にいろをぬろう。

初級②

61

# 絵をみてかく④

べんきょうした日　月　日

なまえ　組　番

☆ 四まいの絵をみておはなしを考えてかきましょう。

★ はやくおわったら絵にいろをぬろう。

初級②

62

# かんたんなせつめい①

べんきょうした日　月　日

なまえ　組　番

☆ 文をよんで、「いつ」「どこで」「だれがなにをした」をかきましょう。

① いつ

なつ休み

② どこで

おばあちゃんの家のちかくの海

③ だれがなにをした

わたしは、うきわにつかまってあそびました。

いもうとは、すなはまであそんでいました。

なつ休みにおばあちゃんの家のちかくの海に行きました。
わたしは、うきわにつかまってあそびました。
いもうとは、すなはまであそんでいました。

★ はやくおわったら絵にいろをぬろう。

初級②

# 63 かんたんなせつめい②

べんきょうした日　月　日

なまえ　組　番

☆ 文をよんで、「いつ」「どこで」「だれと」「なにをした」をかきましょう。

① いつ　この前の

② どこで　家の

③ だれと　あ

④ なにをした　さいしょに、　つぎに、

この前の日曜日に、家のちかくのこうえんであき子さんとあそびました。
さいしょに、ブランコにのってあそびました。
つぎに、ジャングルジムであそびました。

★ はやくおわったら絵にいろをぬろう。

初級②

64

# かんたんなせつめい③

べんきょうした日　月　日

なまえ　組　番

☆「いつ」「どこで」「だれがなにをした」か、わかる文にしましょう。

ふゆ休みに、おじさん
の　行
きました。
ぼくは、
をしました。
いもうとは、
雪　つくりました。

**いつ**
ふゆ休み

**どこで**
おじさんの家のちかくのスキーじょう

**だれがなにをした**
○ ぼくは、おにいさんとスキーをした。
○ いもうとはおかあさんと雪だるまをつくった。

★ はやくおわったら絵にいろをぬろう。

初級②

65

# かんたんなせつめい④

べんきょうした日　月　日

なまえ　組　番

☆「いつ」「どこで」「だれがなにをした」か、わかる文にしましょう。

**いつ**　きのうのひる休み

**どこで**　がっこうのたいいくかん

**だれがなにをした**

○　さいしょに、わたしはフラフープであそんだ。

○　つぎに、みゆきさんと一りん車にのってあそんだ。

★　はやくおわったら絵にいろをぬろう。

初級②

66

# かんさつしてかく①

べんきょうした日　月　日

なまえ　組　番

☆けしゴムのとくちょうを見つけてかきましょう。

◇目（見たこと）

◇目（見たこと）

◇手（さわったこと）

◇はな（におい）

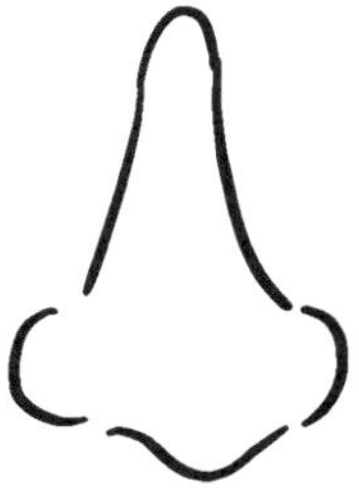

◇耳（音）

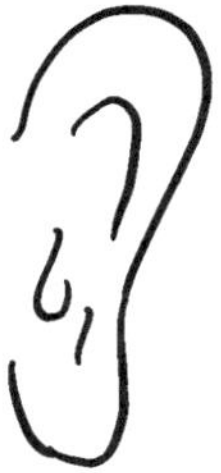

◇あたま（かんがえたこと）

けしゴムを見てつぎのことに気づきました。

かたちは、

いろは、

さわってみると、

においは、

たたいてみると、

えんぴつのじがけせます。

初級②

67

# かんさつしてかく②

べんきょうした日　月　日

なまえ　組　番

☆ じょうぎのとくちょうを見つけてかきましょう。

◇目（見たこと）

◇目（見たこと）

◇手（さわったこと）

◇はな（におい）

◇耳（音）

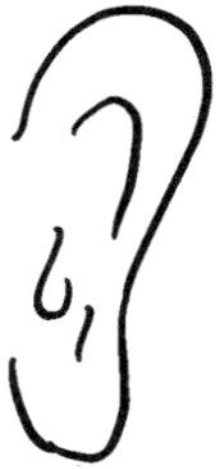

◇あたま（かんがえたこと）

じ　　　　を見てつぎ
のことに気づきました。
かたちは、

いろは、

さわってみると、


においは、


たたいてみると、


まっすぐなせんがひ
けます。

初級②

68

# かんさつしてかく③

べんきょうした日　月　日

なまえ　組　番

☆ かんさつするものをじぶんできめて、とくちょうを見つけてかきましょう。かけないところは、かかなくてもいいですよ。

◇目（見たこと）

◇目（見たこと）

◇手（さわったこと）

◇はな（におい）

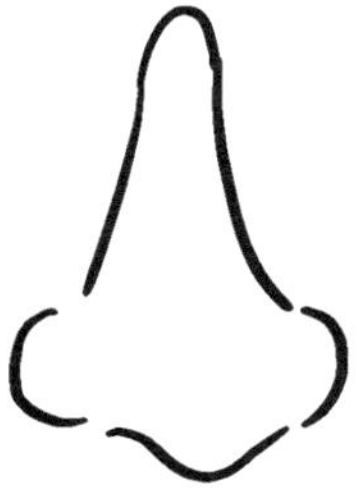

◇耳（音）

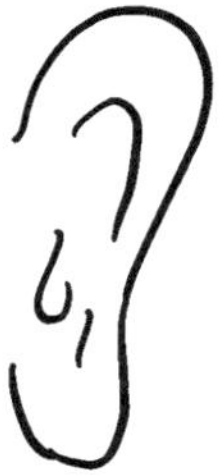

◇あたま（かんがえたこと）

を見てつぎ

のことに気づきました。

かたちは、

いろは、

さわってみると、

においは、

たたいてみると、

初級②

69

# りゆうをかく①

べんきょうした日　月　日

なまえ　組　番

☆ けいこさんがかいた「くだものの中でなにがすきか」についての作文をかきうつしましょう。

わたしは、くだものの中で
メロンがいちばんすきです。
なぜなら、
だから、

わたしは、くだものの中でメロンがいちばんすきです。

なぜなら、あまくておいしいからです。また、たねがとりやすくて、食べやすいからです。さらに、メロンのかおりもいいからです。

だから、わたしはメロンが大すきです。

★ はやくおわったらやってみよう。
じぶんのすきなくだものをえらんで、すきなりゆうをノートにかいてみよう。

初級②

70

# りゆうをかく②

べんきょうした日　月　日

なまえ　組　番

☆ つぎの中から、じぶんがいちばんすきなりょうりに○をつけて、すきなりゆうをかきましょう。

□ カレーライス
□ やきそば
□ ラーメン
□ チャーハン
□ スパゲティ
□ ハンバーグ

なぜなら、

だから、

★ はやくおわったらやってみよう。
二ばんめにすきなりょうりをえらんで、すきなりゆうをノートにかいてみよう。

# りゆうをかく③

べんきょうした日　月　日
なまえ　組　番

☆ けいたさんがかいた「にがてな食べもの」についての作文をかきうつしましょう。

ぼくは、なっとうがとて
もにがてです。
なぜなら、
だから、
。

ぼくは、なっとうがとてもにがてです。

なぜなら、食べたときに口の中がねばねばするからです。また、においもよくないからです。それに、かきまぜるときぐにゃぐにゃするからです。

だから、ぼくはなっとうがにがてです。

★ はやくおわったらやってみよう。
じぶんのにがてな食べものについて、にがてなりゆうをノートにかいてみよう。

初級②

# 72 りゆうをかく④

べんきょうした日　月　日

なまえ　組　番

☆　じぶんがにがてな食べものとにがてなりゆうをかきましょう。

なぜなら、

だから、

★　はやくおわったらやってみよう。
二ばんめに　にがてな食べものについて、　にがてなりゆうをノートにかいてみよう。

初級②

73

# りゆうをかく⑤

べんきょうした日　月　日

なまえ

組　番

☆ つぎの中から、じぶんがいちばんすきなどうぶつに○をつけて、すきなりゆうをかきましょう。

- うさぎ
- いぬ
- きんぎょ
- ハムスター
- ねこ
- そのほか（　　　）

なぜなら、

だから、

★ はやくおわったらやってみよう。
きらいなどうぶつはなんですか。きらいなりゆうをノートにかいてみよう。

初級②

74

# りゆうをかく⑥

べんきょうした日　月　日

なまえ　組　番

☆　つぎの中から、じぶんがすきなこんちゅうに○をつけて、すきなりゆうをかきましょう。

□ ちょうちょう
□ とんぼ
□ てんとうむし
□ かぶとむし
□ くわがたむし
□ そのほか（　　）

なぜなら、

だから、

★　はやくおわったらやってみよう。
二ばんめにすきなこんちゅうをえらんで、すきなりゆうをノートにかいてみよう。

初級②

75

# りゆうをかく⑦

べんきょうした日《び》　月　日

なまえ　組　番

☆「はる」「なつ」「あき」「ふゆ」の中で、どのきせつがいちばんすきですか。すきなきせつと、そのりゆうをかきましょう。

なぜなら、

だから、

★はやくおわったらやってみよう。

いちばんきらいなきせつと、そのりゆうをノートにかいてみよう。

初級②

76

# どう行けばいいかな①

べんきょうした日　月　日

なまえ　組　番

☆ ゆみこさんの学校です。

二年二組からとしょしつに行くにはどう行けばいいですか。あんないする文をかきましょう。

☆ うつしましょう。

二年二組のきょうしつを出ると、ろうかがあります。

二年二組のきょうしつを出ると、ろうかがあります。きょうしつを出たら、左に行きます。すると、まがりかどがあるので、右にまがります。まっすぐあるいて、つきあたりがとしょしつです。いり口は、右がわにあります。

☆ 二年二組からとしょしまでどのように行ったのか、絵にせんをひきましょう。

★ はやくおわったらやってみよう。

二年一組からとしょしつに行くには、どう行けばいいですか。ノートにあんないする文をかきましょう。

初級②

# 77 どう行けばいいかな②

べんきょうした日　月　日

なまえ　組　番

☆ **ゆみこさんの学校です。**

おんがくしつからほけんしつに行くには、どう行けばいいですか。あんないする文をかきましょう。

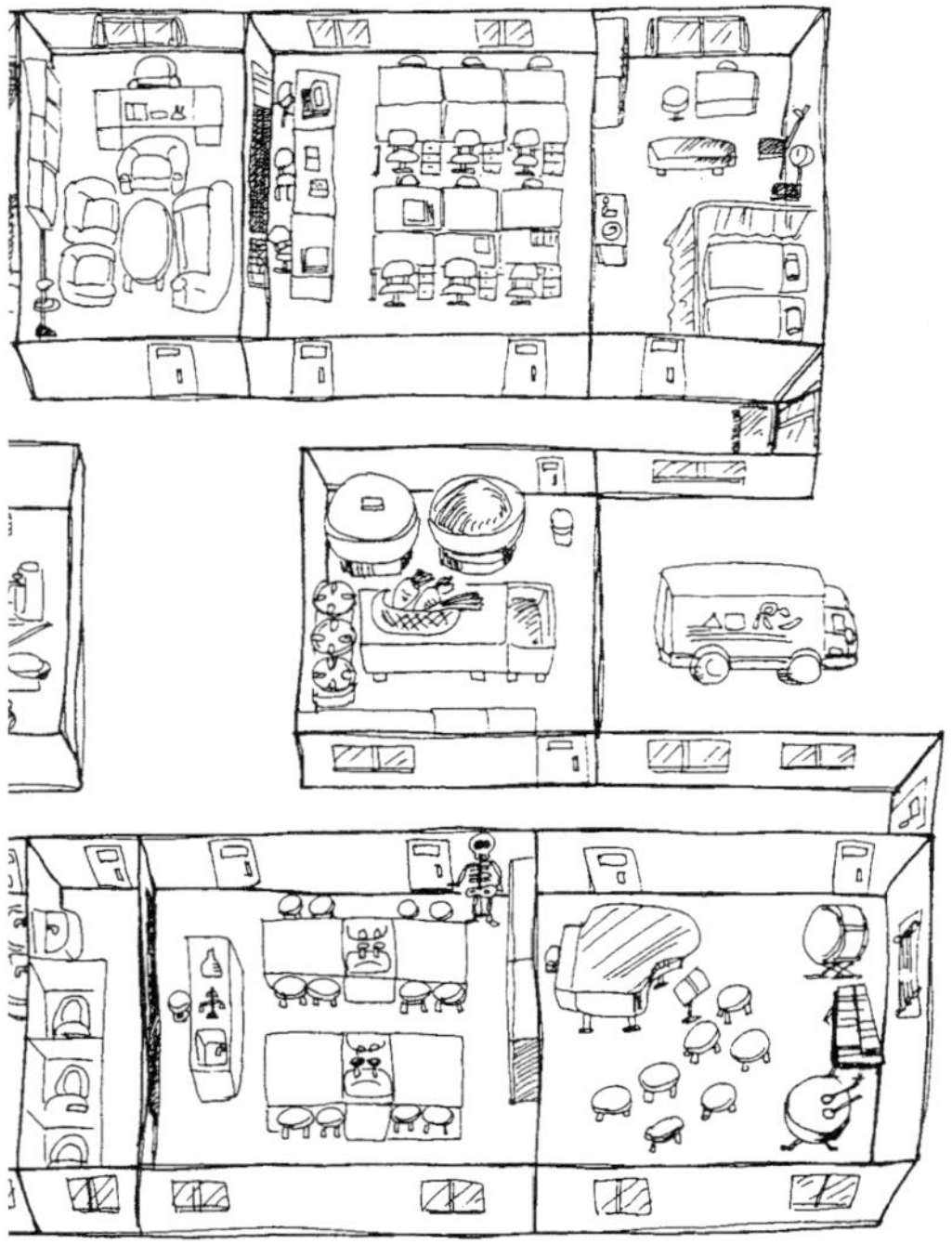

☆ **うつしましょう。**

おんがくしつを出ると、ろうかがあります。

おんがくしつを出ると、ろうかがあります。左へ行きます。すると、わかれみちがあります。わかれみちを右へ行きます。つきあたりを右にまがって、いちばんおくのへやに行きます。そこがほけんしつです。

☆ **おんがくしつからほけんしつまでどのように行ったのか、絵にせんをひきましょう。**

★ **はやくおわったらやってみよう。**

りかしつからほけんしつに行くには、どう行けばいいですか。ノートにあんないする文をかきましょう。

初級②

78

# どう行けばいいかな③

べんきょうした日　月　日

なまえ　組　番

☆ ゆみこさんの学校です。

二年一組からにわとりごやに行くには、どう行けばいいですか。あんないする文をかきましょう。

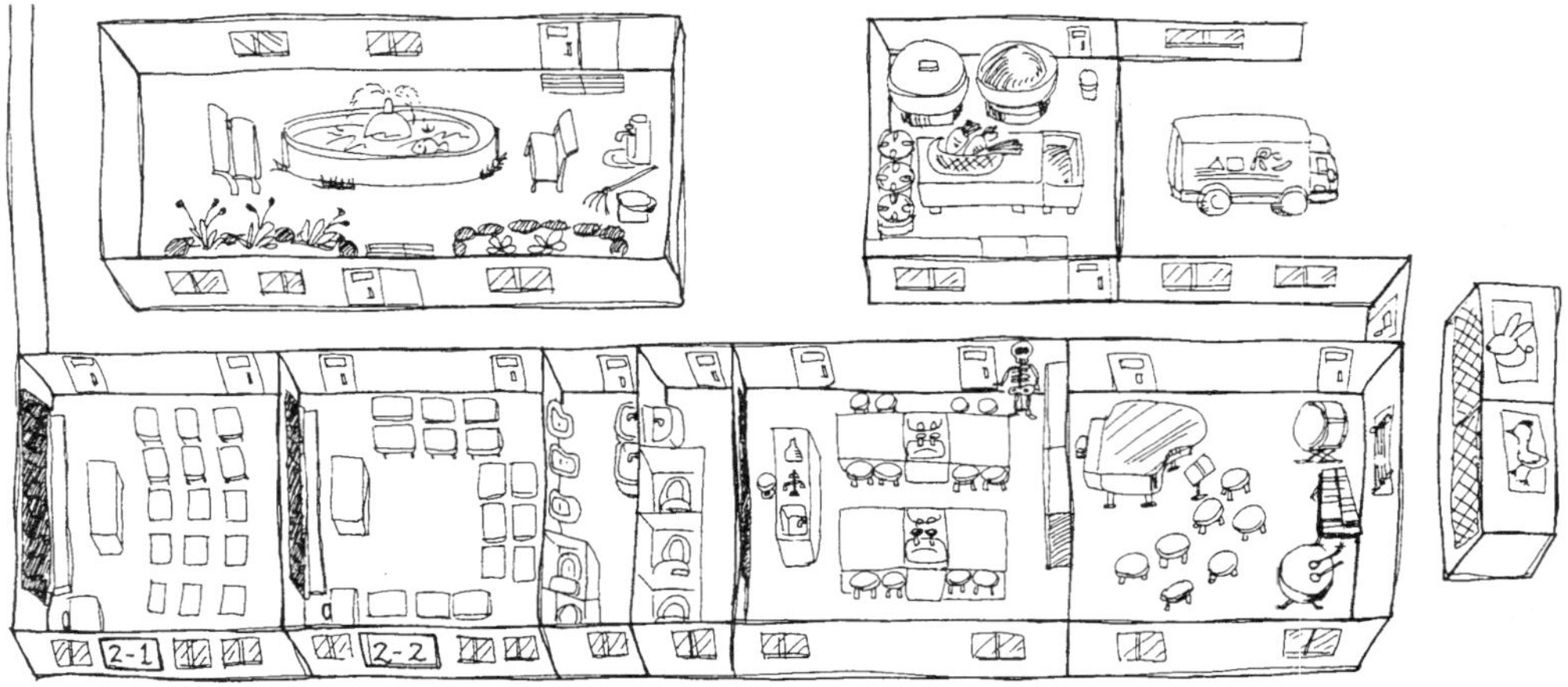


二年一組のきょうしつを出ると、ろうかがあります。

☆ うつしましょう。

二年一組のきょうしつを出ると、ろうかがあります。右へ行きます。ずっとまっすぐに行きます。すると、出口があります。ドアをあけてそとへ出ます。そとに出ると、こやが二つあります。こやの右がわがにわとりごやです。

☆ 二年一組からにわとりごやまでどのように行ったのか、絵にせんをひきましょう。

★ はやくおわったらやってみよう。

二年二組からうさぎごやに行くには、どう行けばいいですか。ノートにあんないする文をかきましょう。

初級②

79

# どう行けばいいかな④

べんきょうした日　月　日
なまえ　組　番

☆ ゆみこさんの学校です。

おんがくしつから中にわに行くには、どう行けばいいですか。あんないする文をかきましょう。

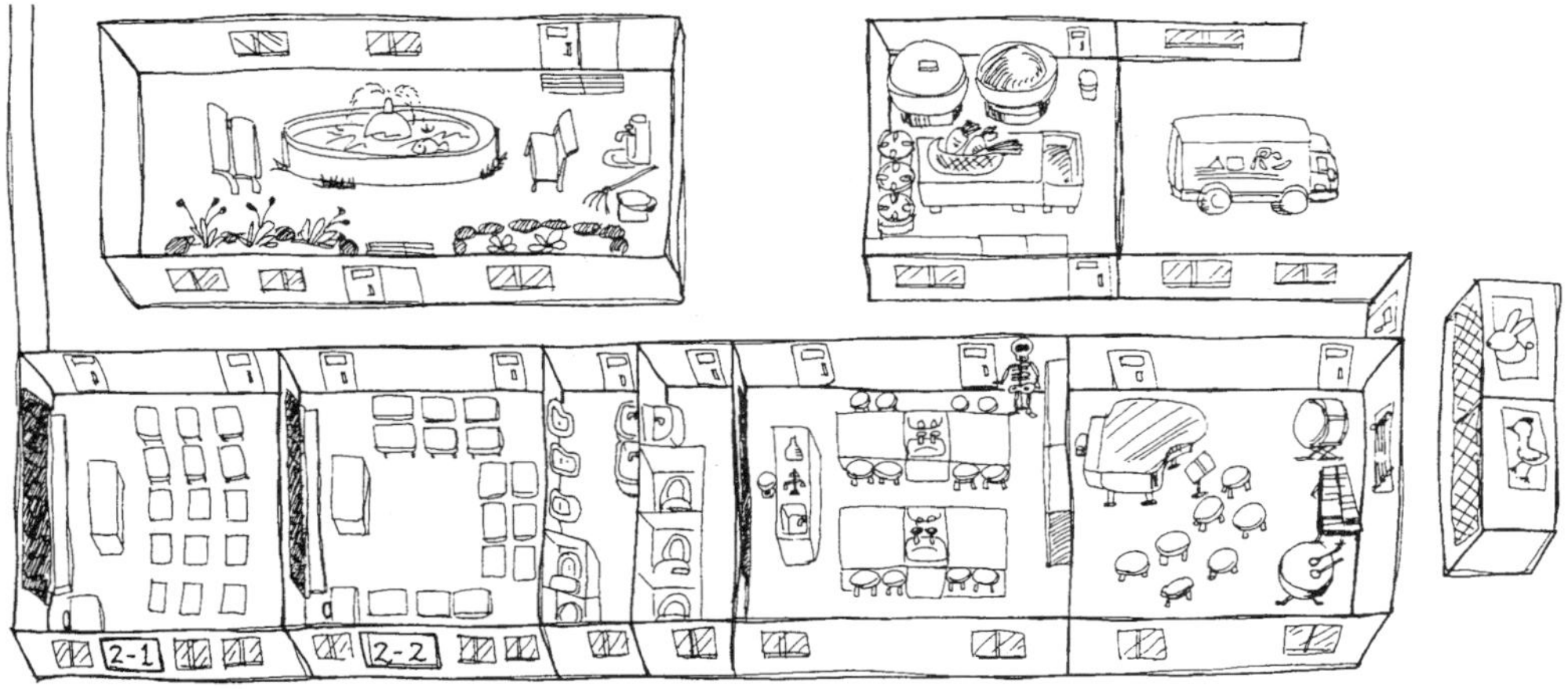


おんがくしつを出ると、ろうかがあります。

☆ うつしましょう。

おんがくしつを出ると、ろうかがあります。左へ行きます。とちゅうにわかれみちがありますが、まがらないでまっすぐ行きます。すると、二年二組のきょうしつがあります。そのむかいがわにドアがあります。そのドアをあけてそとへ出ると、中にわです。

☆ **おんがくしつから中にわまでどのように行ったのか、絵にせんをひきましょう。**

★ **はやくおわったらやってみよう。**

二年一組からきゅうしょくしつに行くには、どう行けばいいですか。ノートにあんないする文をかきましょう。

初級②

80

# どう行けばいいかな⑤

べんきょうした日　月　日

なまえ　組　番

☆ ゆみこさんの学校です。

スタートとゴールをきめて、あんないする文をかきましょう。

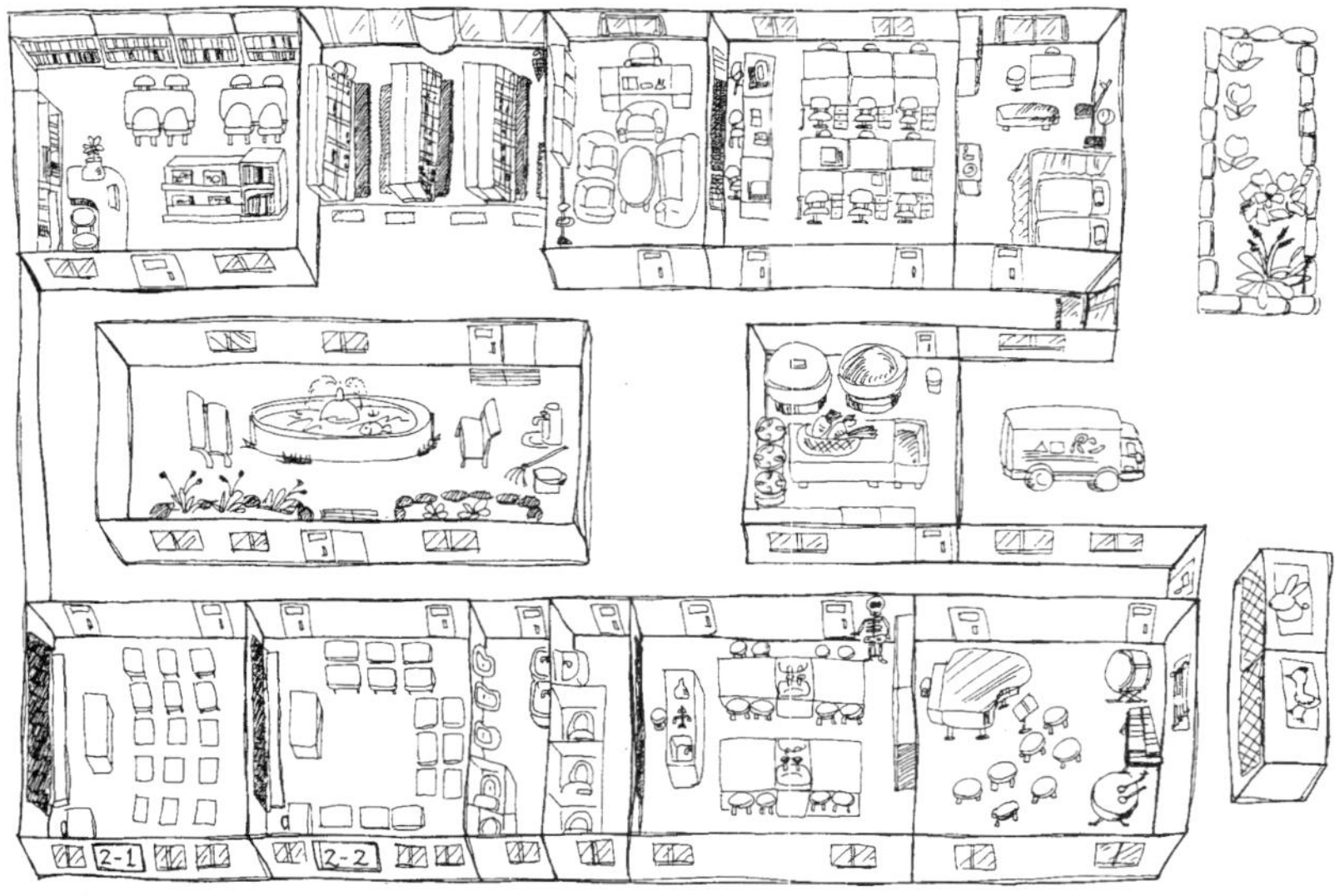


☆ スタートはどこにしますか。

（れい……二年一組）

☆ ゴールはどこにしますか。

（れい……ほけんしつ）

☆ あんないする文をかきましょう。

★ はやくおわったらやってみよう。

げんかんからからおんがくしつまであんないする文をノートにかいてみよう。

【著者紹介】
〈１年〉
田代　勝巳（たしろ　かつみ）
新潟県下田村立長沢小学校
TOSS SANJO
〒955-0024　新潟県三条市柳沢1886-25
〈共著〉『「漢字文化」をこう教える　第４学年』（明治図書）
『向山型　分析批評の観点別実践事例集』（明治図書）

齋藤　一子（さいとう　いちこ）
新潟県田上町立羽生田小学校
TOSS SANJO
〒955-0108　新潟県南蒲原郡下田村鹿峠1041-1
〈共著〉『基礎学力を保障する学校づくり』（明治図書）
『「漢字文化」をこう教える　第４学年』（明治図書）

〈２年〉
松野　孝雄（まつの　たかお）
新潟県栃尾市立東谷小学校
TOSS 新潟
〒953-0041　新潟県西蒲原郡巻町５区
〈著書〉『到達度を明確にした国語科の学力保障　小学校１～２年編』（明治図書）『到達度を明確にした国語科の学力保障　授業づくりの基礎編』（明治図書）

［イラスト］
坂井　邦晃（さかい　くにあき）
新潟県山北町立中継小学校
〒950-0211　新潟県中蒲原郡横越町川根町3-15-5
〈著書〉『イラスト版　私も出来た！　オールイングリッシュの授業』（明治図書）『使う場面に合わせ必ず通じるALTとの英会話授業』（明治図書）『小学校１年生が熱中する図工授業』（明治図書）

【監修者紹介】
横山　浩之（よこやま　ひろゆき）
東北大学医学部附属病院小児科助手
医学博士
専門は小児神経学

【編者紹介】
大森　修（おおもり　おさむ）
新潟市中野山小学校
日本教育技術学会理事・日本言語教育技術学会理事

医学と教育との連携で生まれた
グレーゾーンの子どもに対応した作文ワーク・初級編

2004年７月初版刊
2025年３月30版刊

©編　者　大　森　修
発行者　藤　原　久　雄
発行所　明治図書出版株式会社
http://www.meijitosho.co.jp
（企画）樋口雅子（校正）東風社
〒114-0023　東京都北区滝野川7-46-1
振替00160-5-151318　電話03（5907）6701
ご注文窓口　電話03（5907）6668

＊検印省略
印刷所　藤原印刷株式会社



Printed in Japan
ISBN978-4-18-685705-4

# 酒井式の新しい提案

全4巻

①１題材を６時間以内で完成
②どのパーツから入っても可
③四季・行事イベント教材満載

このところ私は次々に新しい授業の形を提案している。その形を一言でいうなら，「絵の完成を目的としない授業」である。従来のように手をよく見て描くといったやり方ではなく，手を「手の平」と「指」に分割して考え，それを組み合わせて描く方法を学ぶ授業である。

　この授業では，子どもたちはほとんど絵を描かない。大部分が教師の講義と話し合いである。講義と話し合いで「手」の描き方を学ぶのである。こんな授業はここ半世紀お目にかかったことがない。

編者　酒井臣吾

【B5判・1960円/図書番号5851】

【B5判・2060円/図書番号5852】

【B5判・2060円/図書番号5853】

【B5判・2000円/図書番号5854】

**http://www.meijitosho.co.jp　FAX 048-256-3455**
ご注文はインターネットかFAXでお願いします。（24時間ＯＫ！）
〒170－0005
東京都豊島区南大塚2-39-5　明治図書　営業開発センター　TEL 048-256-1175

併記4桁の図書番号（英数字）でホームページでの検索が簡単に行えます。＊表示価格は本体価（税別）です。